幸福课堂

——送给年轻人的礼物

谢华 著

中国人口出版社
China Population Publishing House
全国百佳出版单位

图书在版编目（CIP）数据

幸福课堂：送给年轻人的礼物 / 谢华著 . —北京：中国人口出版社，2023.10
　　ISBN 978-7-5101-7116-1

Ⅰ.①幸…　Ⅱ.①谢…　Ⅲ.①恋爱—通俗读物 ②婚姻—通俗读物　Ⅳ.① C913.1-49

中国版本图书馆 CIP 数据核字（2022）第 200084 号

幸福课堂：送给年轻人的礼物
XINGFU KETANG: SONG GEI NIANQINGREN DE LIWU
谢 华 著

责 任 编 辑	江　舒
封 面 设 计	侯　铮
装 帧 设 计	华兴嘉誉
责 任 印 制	林　鑫　任伟英
出 版 发 行	中国人口出版社
印　　　刷	北京柏力行彩印有限公司
开　　　本	880 毫米 ×1230 毫米　1/32
印　　　张	7.5
字　　　数	138 千字
版　　　次	2023 年 10 月第 1 版
印　　　次	2023 年 10 月第 1 次印刷
书　　　号	ISBN 978-7-5101-7116-1
定　　　价	49.50 元

电 子 信 箱	rkcbs@126.com
总编室电话	（010）83519392
发行部电话	（010）83510481
传　　　真	（010）83538190
地　　　址	北京市西城区广安门南街 80 号中加大厦
邮 政 编 码	100054

版权所有　侵权必究　质量问题　随时退换

前 言

在近二十年的婚姻情感咨询工作中，我见到无数的人因恋爱婚姻知识的不足而遭受情感受挫的痛苦，挣扎在情感破裂的边缘。我为他们将要失去美好的爱情而惋惜，为他们的无助感觉而心痛。作为一名心理咨询师，我也为他们缺少对情感和婚姻的认知而深感惋惜。经过无数次的深思，我决定将自己对情感婚姻所了解的一切写出来，以此书献给所有需要它的人们。希望这本书能够帮助读者在恋爱中成长，幸福地度过初婚阶段，在有了孩子后更加幸福，并能够理智地度过那恼人的"七年之痒"，清醒睿智地处理好"多事之秋"和所遇到的相关麻烦，夫妻共同携手在人生的黄昏中愉悦漫步……

每一个人都希望自己拥有幸福美满的婚姻生活，但是却有相当一部分人找不到适合自己的"另一半"；也有人为了得到婚姻而匆匆进入"围城"，最后又从"围城"中逃出来；还有一些人不敢进入婚姻，而以情人关系、同居关系来解决自己情感和性的需求。

在现代社会中，一夫一妻的婚姻生活仍是大多数人向往的情感生活和家庭模式。那么如何找到一个可以和自己相伴终身的伴侣，如何使自己的婚姻幸福美满，与伴侣相伴到老，就成了人们一生所追求的最浪漫的事。这些，正是本书所要探讨的核心话题。真诚地希望人们能从本书中找到情感、婚姻发展的各个阶段所遇到的问题的答案。

有一些人认为只要有了爱就可以得到幸福的婚姻，而有些人则认为婚姻就是"赌博"，好了就好，不好就得"认命"，认为婚姻只能依靠运气，是自己左右不了的事情。于是就出现了将对美好婚姻的期许建立在选择领证或举行婚礼的良辰吉日上，如含有"9"和"8"的日子、"双十"日子等。但实际的统计数据显示，在1999年9月9日登记结婚的新婚夫妇离婚率也并不低，最短的婚期只有9天。由此可见，所谓的"好日子"仅仅是新婚夫妇的美好祈愿和家人朋友对新人的祝福，而要婚姻幸福和长久则是需要夫妻双方不断地为此做出努力。这些努力就包括学习有关恋爱、婚姻、家庭的知识，并将这些知识恰当地运用到自己的婚姻生活当中。"相爱容易相处难"这句话是需要每一个即将进入婚姻或已经进入婚姻的人认真思考和体验的。

每个人各自都有不同的成长经历、不同的成长环境，还有不同的遗传基因……这些因素塑造了每个人独特的个性。在"白头到老"的婚姻中，夫妻双方要经历从青年到中年再到老年的生理、心理变化过程；要面对两个人事业和生活上的坎坷起落；要承担孕育、抚养、教育下一代的重任……人们要进入婚姻"围城"时是否对这些都有了思想准备？是否学习和了解了这些知识？是否拥有了使爱情的航船回避风浪、绕过暗礁险滩的能力？

看到这里也许有人会觉得茫然，也许有的人会不以为然，但也一定有人会认真思考前面所提到的问题。真诚地希望每个准备进入或者已经进入恋爱和婚姻阶段的人都能在爱的美好中认真思考如何让今天的甜蜜长久不衰；如何通过共同的努力在今后应对挑战时常胜不败；如何提高化解矛盾和为爱情与幸福保鲜的能力。

人的行为和情绪的产生在许多情况下都与自己的潜意识或习惯有关，恋爱与婚姻的关系中，因双方关系密切、爱的情感融合，最容易显现出潜意识的反应和本能的需求，而当事人本身却不易觉察。这就需要我们明白其中的奥妙，用理性来处理双方的冲突矛盾。在亲密相处中，人的行为、观念都是在潜移默化中相互影响的。因此，夫妻双方还要防止由着自己的个性自由表达，而让自己的婚姻形成一种不良的婚姻模式，引发婚姻危机。

婚姻会伴随我们很长时间，在漫长的婚姻中我们会经历不同的阶段，每个阶段都会出现婚姻关系中不同的新问题，需要我们用新的视角去解决它。我们希望自己的婚姻幸福，那么这些都是经营婚姻的必修课。

衷心地希望本书能够在这些方面给青年朋友一些有价值的参考和建议,希望读者能够顺利驾驭小家庭的航船与家人共享人生的幸福和快乐。

谢华
2023.5

目 录

上篇　情感与恋爱篇

第一章　谈"情"说"爱"　／003
　一、一见钟情的"情"是怎么产生的　／005
　二、谈恋爱不要刻意追求"来电"的感觉　／009
　三、什么样的情感是"爱情"　／009
　　1. 真正的爱情应该是积极的　／010
　　2. 识别爱情及其他近似情感　／011

第二章　择偶要知己知彼　／021
　一、首先要喜爱自己　／022
　二、谁是自己的另一半　／025
　　1. 心里要有一杆秤　／025
　　2. 你真的了解他吗　／026
　　3. 会影响你正确选择的因素　／027

第三章　恋爱是人生的重要课程　　/ 034
　一、追求美好的爱情　　/ 036
　　1. 培养自己爱的能力　　/ 036
　　2. 掌握建立亲密关系的沟通技巧　　/ 039
　　3. 解决恋爱中的矛盾冲突　　/ 043
　二、在失恋中成长　　/ 046
　三、将爱情进行到底　　/ 050

第四章　恋爱中的异象　　/ 053
　一、网络爱情　　/ 054
　二、同居给了人们什么　　/ 055
　三、独身主义的选择　　/ 059

♡ 中篇　婚姻与家庭篇 ♡

第一章　准备好了再结婚　　/ 067
　一、是否到了该结婚的时候　　/ 068
　　1. 评估双方的结婚动机　　/ 068
　　2. 评估双方的爱是否成熟　　/ 071
　　3. 评估双方是否已经真正独立　　/ 073
　　4. 评估双方对婚姻的期望是否现实　　/ 075

二、做好婚前准备 / 076

  1. 做一下婚姻生活的思想梳理 / 077

  2. 经济准备也很重要 / 078

  3. 婚后性生活的准备 / 079

  4. 家庭生活其他方面的准备 / 081

第二章　婚姻各阶段的特点 / 083

一、初婚的困惑 / 083

  1. 适应初婚 / 083

  2. 建立夫妻二人的亲密关系 / 089

  3. 学会与新亲属相处 / 095

二、添丁的喜悦 / 097

  1. 要做好生育计划，减少因生育宝宝而引发的焦虑 / 098

  2. 要生育一个健康的宝宝 / 098

  3. 警惕产后离婚高危期 / 099

  4. 子女的家庭教育责任 / 103

三、婚姻瓶颈期 / 105

  1. 爱的激情消退 / 106

  2. 婚姻矛盾不断积累 / 107

  3. 矛盾处理不当 / 111

  4. 如何应对婚姻的瓶颈期 / 115

四、中年人的婚姻　　　　　　　　　　　　/ 128
　　1. 中年人的心理会发生相应的变化　　　/ 128
　　2. 中年人都会遇到的家庭结构改变　　　/ 131
　　3. 工作压力如何缓解　　　　　　　　　/ 132
　　4. 中年女性的生理变化　　　　　　　　/ 133
　　5. 给中年夫妇的忠告与建议　　　　　　/ 134
五、相依为伴的老年婚姻　　　　　　　　　/ 144
　　1. 老年生活的心理适应非常重要　　　　/ 145
　　2. 老年夫妻的相处之道　　　　　　　　/ 147
　　3. 老年人的再婚问题　　　　　　　　　/ 152

♡ 下篇　危机与化解篇 ♡

第一章　离婚不是解决婚姻危机的第一选择　　/ 159
一、离婚带来的伤害　　　　　　　　　　　/ 160
二、想离婚时需要客观评估自己的婚姻　　　/ 161
三、离婚前的作业　　　　　　　　　　　　/ 164

第二章　化解婚姻危机的三个关键因素　　　　/ 170
一、化解婚姻危机首先需要消除自己的畏难情绪　/ 170
二、解决婚姻危机需要了解行为背后的原因　　/ 173
　　1. 行为与需求有关　　　　　　　　　　/ 173

2. 行为也是一种习惯，来自人的个性　　/ 177
　三、积极的生活态度是应对和解决婚姻危机的重要基础　/ 180

第三章　婚姻危机的分析与解决策略　　　　/ 186
　一、配偶没有责任心　　　　　　　　　　　/ 186
　二、配偶是个"工作狂"　　　　　　　　　/ 190
　三、女强男弱引发的婚姻危机　　　　　　　/ 192
　四、被控制的夫妻关系　　　　　　　　　　/ 196
　五、婚姻中的冷战　　　　　　　　　　　　/ 201
　六、语言暴力　　　　　　　　　　　　　　/ 205
　七、家庭暴力　　　　　　　　　　　　　　/ 207
　八、情感出轨　　　　　　　　　　　　　　/ 210

第四章　寻找幸福，再度进入婚姻　　　　　/ 221
　一、破镜重圆　　　　　　　　　　　　　　/ 221
　二、再婚　　　　　　　　　　　　　　　　/ 223

写在后面的话　　　　　　　　　　　　　　/ 226

上篇
情感与恋爱篇

"男大当婚,女大当嫁"——这是传统的人生轨迹。现代人的婚姻不靠媒妁之言,而是自己通过交往、恋爱、相互了解,确认对方适合作为自己的终身伴侣后,才会携手进入婚姻的殿堂。

第一章

谈"情"说"爱"

说到情爱,最浪漫、最美好的感觉就是"一见钟情,相恋永久"。"一见钟情"的恋情非常浪漫,让人难以拒绝,让人十分沉迷。在情感类真人秀节目中,常常会看到"一见钟情"对恋爱的"误导"。大家都觉得蛮适合的一对,可偏偏女方给灭了灯,当主持人问及时,得到的回答是"我没有感觉"。挺令人遗憾的。只做了一次节目,"没有感觉"其实是挺正常的事情,但只要那个人基本符合自己的求偶条件,就可以给自己一个进一步了解的机会。通过进一步的接触,才能知道这个人是不是适合自己的对象。仅凭"没有感觉"就放弃了自己恋爱的机会,确实有些可惜。现实生活中不乏"一见钟情""再见定终身"的恋爱,然而很多这样的夫妻最后却"追悔莫及"。当"一见钟情"的浪漫变成性爱的激情,再变成生活的平淡时,很多夫妻才发现两个人的缺点和相互的不适合,于是便出现了恋爱婚姻的悲剧。当"一见钟情"的浪漫出现时，人们往往会联想到"永远相恋"，希望这种爱的浪漫永存。但实际上，爱情需要相爱的两个人共同努力才能巩固和发展，达到"相恋永远"。因为爱的激情不会长久，激情过后，爱就会体现在承诺和行动上。想要拥有长久的爱情，就需要双方逐步培养、发展，在发展中为爱情保鲜。现在有人说"七年之痒"提前了，成了"三年之痒""五年之痒"了。其实这些只能维持三五年的婚姻，在婚姻开始时夫妻双方就缺乏真正的爱情，误以为激情就是真爱，当激情平息后就认为爱情没了，而不能以相爱之心去面对和解决矛盾冲突，最终导致两人走向分离。

看到这里，可能有人会觉得恋爱很累，要想恋爱有个结果，还需要努力培养，好麻烦啊！我还需要谈恋爱吗？回答是"需要"。给予爱和拥有爱是人类的基本需求。当一个人发育成熟，与异性的相互吸引就会自然而然地出现，异性的爱恋也就必然会发生。但人类不同于动物，动物在性成熟后就可以繁衍后代。人类的身体发育成熟后，还需要心理的成熟，还要学习人与人相处的方法，成为适应社会生存的社会人。恋爱就是人走向成熟的第一步。在恋爱中，人们开始学习与另一个人建立亲密关系。两个人在相互的爱恋中学习如何给予爱和享受被爱，学习如何与一个人长期友好相处，学会包容、体贴、关怀、尊重、接纳，体验失望、不满、痛苦等情绪，使自己的思想和情感变得成熟。建立亲密关系是人的一种生存能力，对人一生的发展都有重要的意义。一个人具备了爱的能力，才会真正地爱自己、爱他人，才能真正体验到爱给人带来的快乐和幸福。

恋爱时的约会、吃饭、娱乐和玩耍，仅仅是一个形式，也可以说是一个载体。各种形式的接触和交流，可以让我们了解自己和对方，培养各自的交往能力，识别真诚的爱恋，让双方在恋爱中成长。通过这样的交往，两个人的心智得到成长，情感得到巩固，那么走向婚姻就是很自然的事情了。假如双方在交往中发现两人并不适合，提出分手实际也是非常正常的事情。恋爱是一个了解和选择的过程，只有经过彼此的全面接触、磨合，有了充分的相互了解，才能进行选择和做出最终的决定。

一、一见钟情的"情"是怎么产生的

当你见到一个人的时候，他的容貌、气质和神情等表象恰恰是你心仪已久的形象时，你就会一见钟情。这样的感觉突如其来，激发出你内心的兴奋，便加重了爱的色彩。可以看出，一见钟情是一种感性认识，是认识的初级阶段，属于感觉和印象的叠加。通常来说，感性认识只能认识事物的表面现象和外部联系，不能认识事物的全部、本质和内部联系，何况其中还掺杂了人内心的反应呢。

一见钟情也就是人们常说的"来电"，感觉像触电一样强烈，速度像闪电一样快。可想而知这种感觉有多么深刻，多么浪漫！

异性相吸是人性所致。青春年少之时，情窦初开，男女相互欣赏喜爱，其中最主要的原因就是异性吸引。这也是恋爱心理发展的第一阶段：对异性敏感期。人在青春期，身体迅速发育，第二性征出现，性意识的觉醒，对异性之间的性别差异变得非常敏感，在异性面前常会感到羞怯和不安，心突突地跳，好似有一种被"电"着了的感觉。人成年后仍然也会有异性相吸的"来电"感觉。

恋爱心理发展的第二阶段：对异性的向往期。人会产生希望彼此接触的意愿，会开始特别注意自己的容貌和风度，以期博得对方的好感和青睐。对方的眼神、举止、不经意的言语，都可能被自己内心的渴望变成"来电"的信号。由于这时性心理及自我意识的不成熟，对异性的向往是泛化、不稳定的，缺乏专一性。因为在这个阶段，人的心理尚未成熟，人生观和价值观都还没有确立，所以对爱的定义也无法真正确立。据调查，在初中、高中时期就相恋的恋人，很少能进入婚姻。这说明只有当一个人真正成熟后，其选择爱人的标准才能真正确立。如今，我国处在经济快速发展的时期，人们的物质生活丰富，尤其是很多独生子女，心理成熟均落后于生理成熟，这也是影响恋爱婚姻质量的一个重要因素。

对异性的感情逐渐专一，恋爱观开始形成，能有意识地建立和培育双方的感情，也是性心理成熟的标志。这是恋爱心理发展的第三阶段：恋爱心理趋于成熟。这时人的内心已经有了自己追求的对象的基本轮廓，当一个外表、气质、个性特征都符合自己要求的人出现时，自然就会眼前一亮，产生"来电"的感觉。

一个人喜欢某个恋爱对象，一方面是因为对象具有的形象和气质，另一方面也源于原生家庭、社会影响、听到的故事以及阅读的书籍，日积月累在人心中形成了一种理想的形象。当见到一个与自己内心理想形象相符合的异性时，内外相撞，"电"自然就产生了，于是脸红心跳，感觉这就是我爱的那个人。

有时"来电"的感觉也会因人与人的不相同而产生。

性格不相同的两个人往往对彼此的吸引力更大。因为人类有一种共性，就是喜欢探索，对新鲜的或自己不了解的事物会产生兴趣。性格和气质不同的两个人会给对方新鲜和刺激，这时异性之间就会产生"来电"的感觉。在现实生活中，人们自然恋爱的对象大多是与自己有着不同个性或是在不同环境中成长起来的人。人们看到的夫妻搭配常是内向人和外向人的结合、独立性强的人和有依赖个性的人的结合、个子高的人和个子矮的人的结合、特别胖的人和特别瘦的人的结合等。

人们所生活的原生家庭中父母的个性、关系和行为模式也会影响其"来电"的感觉。

人从出生起就生活在自己的家庭中，第一个接触到的异性就是自己的父亲或母亲。通过心理投射的作用，人们往往在选择对象时，会自觉不自觉地找与自己父亲或母亲个性特征类似的人。即使对自己父母亲的个性或行为表现并不欣赏甚至是反感，人们往往也还会不自觉地选择与自己父母亲个性特征类似的人作为自己的伴侣。这是因为他们习惯了与这样的人相处，对具有其他个性或行为特征的人反倒不会相处了。也可能有"来电"感觉的恋爱对象与自己父母的个性特征完全相反，这是因为当事人非常反感自己父亲或母亲的行为表现或性格特征，在潜意识中已经认定自己一定不能找一个父母亲那样的人。

曾经有位女士请我帮助解决她的家庭暴力问题，她对我说她是一个非常倒霉的女人，她与第一任丈夫离婚是因为对方打她。没想到第二任丈夫又打她，她没有勇气再离婚，就交往了一个情人。她与情人开始时相处得很好，这给她的心灵带来了许多安慰。但是在与情人交往不到两年的时候，又因为一些小事遭到情人的打骂。我在与她的探讨中了解到，她认为自己的父亲是一个很窝囊的人，到处受气，连她的母亲都欺负他。这位女士特别不喜欢父亲这样的性格，觉得她的父亲不像个男人，她在心里一直希望能够找一个"真正的"男人做自己的丈夫。我问她，什么样的男人是真正的男人呢？她说，她心目中的理想对象就是高大、魁梧、说一是一、带点野性的"纯爷们"类型的男人。由此可以知道，她当时的"倒霉状态"与其择偶标准有关，而影响她眼光的原始因素，就是她原生家庭中父母的个性以及他们的关系和行为模式。能够引起她"放电"的男人，是她早在儿时的潜意识中就确立了的形象。

二、谈恋爱不要刻意追求"来电"的感觉

"来电"是一种神秘的感觉,让当事人感到浪漫、情不自禁。因"来电"的感觉而进入恋爱,会让人感到无限美好。但是人们一定要了解其中的含义,防止被自己的感觉引入误区。

其实在没有"来电"的感觉时,你也会找到自己心仪的对象。很多人在开始时没有爱的感觉,而是经过在一起相处、了解、工作、一起攻克难关,慢慢地产生感情。在实际生活中有许多夫妻都是在长期的接触中相互了解,逐渐相恋的,他们不是一见钟情,而是在相处中逐渐建立起来情感的。这不禁让我们思考:使两人相爱,令婚姻长久而甜蜜的真谛到底是什么?似乎并不一定是"来电"这样的浪漫感觉,爱的背后应该有更深和更丰富的内容。

假如经他人介绍,对方基本符合自己内心的择偶标准,不妨先相处一段时间,相互有了一定了解后,再决定两个人的关系。不要因没有"感觉"而轻易放弃收获爱情的机会。

三、什么样的情感是"爱情"

交往、了解、爱恋是恋爱的三部曲。爱是相恋的基础。许多专著和文艺作品都试图将爱情讲清,但是要很准确地定义爱情确实是一件不容易的事情。因为爱情有时带给我们欢乐和幸福,有时又带给我们痛苦和悲凉。到底什么是真正的爱情,经

常让人感到困惑。

1. 真正的爱情应该是积极的

假如爱情成了消极的因素,这种爱情肯定已经变了味,里面肯定夹杂了其他不属于爱情的成分,比如,为了满足自己占有欲的需求、满足自己情感的需求、满足自己性的需求、满足自己的面子等,这些都不属于爱情的范畴。

伟大的音乐大师柴可夫斯基的爱情就属于真诚的爱情。他深爱着他的女友,即使女友嫁了他人,他对女友的爱恋仍然不减。虽然他会有悲痛,但在爱的支持下他一直努力地创作着自己的音乐,并且使自己的精神世界变得更加美好。由此可见,他的爱情是积极的、是催人进取的。作家小仲马就说过:"真正的爱情始终使人向上。"也许这也是柴可夫斯基的真实感受吧。真正的爱情能塑造人的情感,促进人的成长,培养人的责任感,所以真正的爱情是进步的动力,它给人以鼓舞和力量。爱情包括情感和行为,因此爱情中出现情绪的起落,也是必然的。

人在6岁时开始形成自己的个性,一旦个性形成,再改变就比较困难。而恋爱时,情意浓浓,爱情的力量会让人愿意改变自己。这就是恋爱期自我成长的收获,是上天给恋爱着的人们最好的礼物。

不过现在有些人,只想恋爱,不想结婚。其中一些人是因种种原因害怕结婚,即使恋爱发展到可以结婚的阶段了,也十分害怕进入婚姻。这就需要得到专业人士的帮助,分析害怕进入婚姻的症结在哪里，打开这个结。

还有一些只想恋爱不想结婚的人，可能就是只想享受恋爱中被爱的美好，而不想为对方付出和改变。这种情况下声称在恋爱中的人很可能没有真正的爱情，只是利用他人的爱，享受恋爱的感觉而已。

2. 识别爱情及其他近似情感

爱情是一个人在内心形成的对另一个人最真挚的倾慕，希望对方成为自己终身伴侣的最强烈的感情，是人类特有的一种高尚的精神生活。

爱是一种主动的活动，不是一种被动的情感，表现为：关心、负责、尊重，没有主动就不是爱。爱不是迷恋，更不是情欲。爱是给予，从给予中得到一种爱的快乐。

对爱有了正确认识，人们就比较容易将一些似乎是爱的心理状态与真正的情爱分开。

（1）好感不等同于爱情。

人们常会把好感或被异性吸引的感觉当成爱情。好感一般都来自对一个人的外表或一些表现的喜欢，是一时出现的情绪和感受。这种感受是比较肤浅的，因此也较易改变。喜欢是可以引发爱情的因素，但绝不等于爱情，爱情是在长时间的交往中，在两个人真正的相互了解中，逐渐形成的。好感是广泛的、无排他性的、浅表的对他人的情感，而爱情是专一的、排他的、深厚的情感。

这里讲一个案例。有一个小伙子，比较帅气，性格开朗，待人友好，业务能力强，许多方面都比较优秀。他周围的女孩都很喜欢他，他与这些女孩相处得也非常好。比如，陪某个女孩购物；跟另一个女孩逛街；再与另一个女孩聊天；在往返回老家的路上把同乡的女孩照顾得非常周到；这几个女孩都认为被这个男孩爱着。后来这个男孩与这几个女孩之外的另一个女孩结了婚，再后来他出现了婚外恋情，婚后五年离婚。从男孩的经历可以看出，在当时他对所有的女孩都可能仅仅是喜欢，包括与他结婚的那个女孩。当时他和周围的几个女孩在婚恋心理方面都不成熟，因此在情感生活上出现了如此混乱的情况。最让人痛心的是跟他是同乡的女孩因"失恋"而得了精神病；与他结婚的女孩则遭受了离婚的创伤。

（2）友情不等同于爱情。

异性之间的友情往往容易发展为爱情，但是友情绝对不等同于爱情。友情的人际关系系统是开放的，两个好朋友都可以另有众多的好朋友。但是爱情的人际关系系统是封闭的，爱情含有忠贞承诺，相爱的两个人是相互忠诚的，因此在爱情关系中任何一方都不能存有与其他人的爱恋关系。理解是友谊的支柱，爱恋是爱情的支柱。虽然朋友之间和恋人之间都必须是平等的关系，但它们的区别在于爱情是建立在平等之上的两人一体化，而友谊则是平等之上的两个独立的人。也可以说，友情可以是多元化的，而爱情只能是二元化的。再形象地比喻，拥有爱情关系的两个人像两个相交的圆，虽然两人各是一个独立的人，但是他们又是融为一体的。友谊则就是不相交的两个圆，他们可以离得很近，但不会相交。友谊以信赖为基础，而爱情除了信赖以外，还纠缠着许多不安和期待。人们常讲，友谊是人生的财富，当人们需要理解、帮助、支持的时候，有朋友的温暖，真是莫大的幸福和慰藉。它给人一种满满的充实感。人们憧憬的爱情无限美好，可是由于种种原因，很难有人能得到完美的爱情。相爱的人总会感到再爱也爱不够，爱情永远达不到人们所想象的程度，因此难免会有一种"欠缺感"。比如一个人希望通过自己的爱使对方愉快、幸福，但是人总会遇到这样那样不顺心的事情，不可能总是愉快的，何况人总有自己的局限性，想通过自己的努力让所爱的人时时刻刻都幸福快乐，似乎是不可能达到的，只能是尽量、再尽量；被爱的人希望那个爱自己的人能够不断满足自己的所有需求，希望自己想什么对方都能知道，都能理解，但是婚恋的双方毕竟是两个具有不同特性的人，这也是很难的事情。也许正因为如此，爱情便成为人类追寻的最具魅力的情感。

在漫长的人生旅途中，每个人都可能会陷入爱情和友情之间的困惑，特别是异性之间的友情，它是一种非常容易模糊爱情界限的人类情感。这可能会是人类永恒的课题之一。大文豪托尔斯泰曾经说过这么一句话："男女之间不可能有真正的友情。"这句话是否正确，难下定论，但是异性之间本来就具有相互吸引的基础，友谊又会促进他们心灵的交流，增进情感的发展。爱情可以源自友情，但是友情与爱情绝不是一个概念。因此，进入恋爱"季节"的男女需要将友情与爱情区分清楚，避免走入歧途。

（3）心理需求的满足不代表爱情。

无论是把需求得到满足当成爱恋，或是把需求满足作为爱恋的目的，都误读了爱的真意。

有人在与异性交往时，对方满足了自己的某些情感需求，就以为自己得到了爱。这也是不对的。比如，当一个人遇到挫折，对自己的异性朋友倾诉时，对方给予了理解和安慰，自己得到了被理解、被接纳、被尊重、被关心等情感需求的满足。一个人多次从同一个人身上得到这样的满足，就很容易会将对方的表现认为是对自己的爱。人一生中都在不断地追求对自己心理需求的满足，甚至可以说人们每天的行为都是在不断满足自己这样或那样的需求。而且人们的许多需求都存在于人的潜意识里，难以觉察，因此就要提高警惕，不要让自己陷入认为爱就是满足心理需求的误区。

人具有群居特性，及归属性，有了归属就感到安全，安全感是人最重要的心理需求。所以人最惧怕孤独和寂寞。在成长过程中缺少关爱、家庭变故、失恋等情况都会让人产生强烈的情感需求，处在这种情绪状态中的人，往往会很容易沉溺于"爱情"之中，这样的"爱情"虽然极易获得，但是也极易失去。在这样的状态下，只要有人向你表示安慰，哄你开心，可能你就会把这些表现当作"示爱"。一旦你投入了情感，需要深入发展时或在激情平静后，可能就会发现对方对自己并没有爱，而仅仅是同情自己，甚至可能是在利用你的需求来欺骗你。

在心理咨询中，常常有遇到情感问题的女孩讲述类似的问题，说自己与父母关系不融洽，觉得父母对自己不好，一个人在外地打工，偶尔遇到一个"心细"的较年长的男士，对自己很关心，还能帮助自己解决一些遇到的问题，很快就与之产生了感情。当后来发现这位男士实际上已经有了家室，但是她自己却不能理智地摆脱与这位男士的亲密关系，自认为这是他们之间的爱情，不能放弃。其实她并不理解，在她对这位男士的感情里夹杂着更多的是对父母的依恋。

同样，一个人失恋或离婚后也处于一种"情感缺失"的状态，这个时候只要遇到情感的"补缺"而自己又没有清醒的认识，就会很容易坠入一个新的情感旋涡。

有个女孩的男友因爱上另一个女孩与她分手了，于是这个女孩在网上又认识了一个男孩。这个男孩个性内向，带有一些懦弱，而这个女孩就认定了只有这样的男人才不会"花心"，才是最让她有安全感的男人，于是义无反顾地与其结婚生子。几年过后，她开始感到这个男人并不是她心目中想要的那个人，离她的目标相差太远。她内心的不满常常会挑起两人的"战争"，最后他们的婚姻走到了尽头。这类的案例很多，问题都是出在失恋时的感情缺失期。这一时期中的人误读了自己的情感需求,在假想状态下进入了婚姻。到头来伤害了自己,也伤害了对方。

我的一个朋友,因一些原因与丈夫离婚,离婚后不久,有一位比她年龄小的同事向她示爱。正处于离婚失落中的她立刻接受了这份"爱"。时隔不到一年,当我的朋友还沉浸在爱的幸福中时,那个男人却提出了分手,她只好无奈地与其分手。过了一段时间,她才发现自己准备出版的专业书稿被那个男人"拿"走了,并以他自己的名义出版了。她没有任何防备,只剩下了悲愤。她还请我帮她向那个男人要回她为他花掉的几万元钱。其实,此时此刻的她想要回的又哪里仅仅是那几万元钱呢,而是她付出的热血和情感啊!

我为她感到气愤,痛恨这样乘人之危,利用别人的情感达到自己不可告人目的的可耻行径。同时也想通过这类案例警示青年朋友:从热恋到失恋的情感落差,以及由此引起的自卑心理,会让人在这段时期思绪混乱,无法对自我和自己的情感做出正确的判断,往往容易为了填补自己的情感缺失而轻易进入新的情感旋涡。但是这份情感往往会不真实、不深刻,加上自我定位的不准确,这时的决定往往是错误的,由这个决定导致的结果也往往会是令人感到悲哀和沮丧的。

(4)虚荣心的满足不代表爱情。

虚荣心追求的是名誉、荣耀,以使自己的表面光彩。有一个令人羡慕的男朋友或女朋友,满足了人自尊的需要,也是一种人们常有的虚荣心理。人的虚荣心理也会干扰自己的真实感受。比如：别人都有男（女）朋友了，我必须也得找一个；一定要找一个漂亮的、帅的；一定要找个有钱的、有成就的；等等。像这样仅看重对方的外表和其他外在条件的人，往往就是虚荣心在作祟。这些人的恋爱目的不是选择谈情说爱的对象，而是在寻找满足自己虚荣心的模特。人们谈恋爱，应该是谈心、交流，是相处，外在的条件仅仅是一种条件，把满足虚荣心当成爱情，注定难有幸福的结果。

（5）性满足不代表爱情。

性是爱情的生理基础，性满足又是爱情的重要组成部分。但是性并不代表爱情，性也不是爱情的目的。性只是在爱情发展到一定阶段，在恰当的时间形成的对爱的表达或升华。当然有爱情也不是一定要有性行为，当一个人越爱对方，越加尊重对方，也会越愿意为对方牺牲自己的需求。

著名的音乐家柴可夫斯基是一个相信神圣爱情的人，他深深地爱着一个人。当他发现对方爱的是另一位音乐人时，他就帮着那个人在音乐上取得成功，让自己爱的女人感到幸福、骄傲。这样的爱情，境界非常高。因为爱她，他不惜牺牲自己的需求来满足自己所爱的人的快乐，他爱她既不是要占有她，也不是要从她那里得到什么，而是真心地爱着。

这就是他对真诚的爱的诠释。

然而，现实生活中一些人会以与恋爱对象发生性关系来判断对方是否爱自己，被对方拒绝后，就认为对方不是真的爱自己；或以发生性关系来表达爱意。满足对方的需求确实是一种爱的表达，然而人的需求是有许多种的，表达爱的方式也有许多种，比如尊重、接纳、肯定、关注、原谅……性爱满足只是其中一种，不能因对方没有满足你的性需求，就认为对方不爱自己。也许这正是对方对你最负责任的爱。性爱具有极为错综复杂的体验，其中包括心理、情感、情绪、生理等多种感受，身在其中很容易误解其中的含义。如果人们在恋爱中不能选择恰当的时候以此表达爱意，性行为往往会成为伤害自己和对方的利器。在双方未做好结婚准备的时期，人们还不能确定情侣是否可能发展到夫妻关系，那么这样的性行为就是轻率的，是对双方都不负责任的。

（6）不要让性干扰了你的感觉。

恋爱从两情相悦开始，在两人不断交往的过程中情感不断升级，一般在恋爱到三个月左右时，双方可能都会产生想进一步亲密接触的需求，产生性的欲望。当人们不能用理性去处理这一需求时，就会自觉不自觉地进入实质性的性亲密接触阶段。

两个相爱的人一旦有了亲密的性接触，就很容易沉浸其中，如胶似漆，感觉无比甜蜜。因为亲密的性接触会给人多方面的美好感受：肉体的强烈刺激，会引起人精神的高度兴奋，激发人的情志，给爱的神经充电，使爱的色彩更加丰富；在情感上，性的亲密接触，会给人带来那种亲密无间、水乳交融、不可分割的感觉；在心理上，感觉自己被认同、被接纳、被爱，会给人带来自信，满足爱与被爱的需求。亲密的性活动带来的亲密无间，让人感到的爱与被爱，都会干扰人的真实心理感受，两人可能会因为性关系而误认为爱得真切。性爱活动会使人们的内心感受被曲解，很多人会认为"两个人都亲密到那个份儿上了，怎么能说不爱呢？"但事实证明，许多人都不是因为"爱到那个份儿上"才有亲密行为的。

当然，假如完全没有爱，这种亲密的性行为也就不会有这么大的感染力。但是性的刺激是有一定时限的，时间长了，次数多了，它所引起的刺激反应就会减弱。当激情过后，一切又会归于平常。许多伴侣在一切归于平常时才开始理性思考，发现两个人的情感并不是原来所想象的那样美好，似乎对方对自己也不是真的"倾心爱慕"，发现两个人之间有许多不适合的地方，并不能成为夫妻，由此会产生莫大的烦恼和心理冲突，追悔莫及。

一对恋人相恋，情感发展是很快的，但对一个有可能共度一生的人进行了解则是需要时间的。在情感上升时缺乏理性把关的话，激情中的恋人很快就会发生亲密性行为，这种行为给相恋的双方带来的一切美好感受就很可能会蒙蔽他们的心灵、干扰他们对真实爱恋的感受。一旦他们发现对方并不适合自己时，就会平添许多烦恼和情债。我们经常接触到一些女孩子，因为有了性关系，无法解决与恋爱对象分手的问题，无论是感觉对方不适合自己，还是对方提出分手，性关系的发生都是一个在内心难以面对和解决的问题。有些人会为此勉强进入婚姻，最后仍以离婚告终。另一些人虽然理性地选择了分手，但面对自己的损失和失误，或是对对方的歉疚，内心也难以平静。还有一些人内心一直在纠结，为自己的这个经历遗憾终生，甚至也有人因此堕落、破罐子破摔，毁掉了自己的一生。造成这些后果的原因，都是在谈恋爱时过早地进入亲密接触期而引发的。

性虽然是人的本能需求，但千万不要小看了它，必须以理智的心态来对待。在恰当的时间满足自己的性需求，它会锦上添花；在不恰当的时候尝试它，可能会遗憾终生。

为了避免发生这样的问题，或避免被拒绝的尴尬，就需要在谈恋爱时给自己定一个亲密接触的底线。把你的底线告诉恋爱对象，让他能够尊重你的选择。每个人的底线不同，如牵手、拥抱、亲吻等，不管怎样，都需要坦诚地沟通，把自己不喜欢发生的事情讲出来，对方对你的爱才会让他把握好自己的分寸，这样的尴尬才有可能避免。

如何看待婚前性行为对今后婚姻生活的影响，学界一直有不同的见解，到目前为止都没有一个准确的答案。在谈恋爱时，性由情发，难免会发生亲密接触。这里先不去追究婚前性行为对婚姻有利还是有害，仅希望恋爱中的人不要被刺激的性活动欺骗了。为了让自己头脑清醒，找到一个适合自己的对象，请把握好这重要的一步。

第二章

择偶要知己知彼

在寻找恋爱对象时，尤其要警惕的就是"一见钟情"。现在很多恋人因为一见面时感觉很好，便迅速进入以身相许的状态，而当激情散去，头脑才开始清醒，但是已经给自己的情感生活带来了困惑和难题，或是造成了相互伤害。"来电"的感觉可能会让当事者深信："他就是我心目中的那一半。"此时的当事者往往不能冷静地认识到那仅仅是一种感觉而已，并非可靠的爱的信号。

作为一个正在求偶的人，要想找到适合自己的婚姻对象，首先需要了解自己的个性、生活习惯和爱好，以及自己需要什么样的一个人来共度余生。同时还需要知道什么样的人才能适合自己，才能长久地与自己共同生活。

一、首先要喜爱自己

一个人想真诚地去爱一个人，首先要学会爱自己。但是，爱自己并不是以自我为中心，一切以己为先，而是在自我了解的基础上愉快地接纳自己，对自己有信心。

现在就试着给自己做一番描述吧：把你对自己的认识写出来——写出来可以一目了然，将自己看得更清楚。

首先写出自己欣赏自己哪些地方，包括个性、品质，其中一定要包括外表。假如你对自己外表的所有方面都不欣赏的话，那么在他人面前你就会不自信，就不可能平等地与他人相处，也不可能正常地谈恋爱。写完后，一条一条地反复看，记在心间，以此不断地激励自己，从而让自己快乐、自信。然后还需要思考一下，你的身体是否健康，有哪些不好的毛病，等等。思考你可以改变哪些自己认为不好的东西，有没有你比较害怕让他人知道的内容，或自己感到很厌恶的地方。怕别人知道或自感厌恶的地方就是自己不能接纳自己的地方。

假如你能够认真地思考和写出以上内容，你就会对自己有一个较为清晰的了解。如此，你不仅会知道自己的长处和不足，也会知道自己的"软肋"在哪里。假如你有讨厌自己的地方，那你就需要解决这个问题，否则，你就不可能真正爱自己，也就很难以一种良好的心态去爱他人。这些自己不能接纳的地方就会成为今后在恋爱或婚姻生活中的隐患，成为破坏情感生活的"暗礁"。因此，每个人在恋爱之前都需要把这些弄清楚，或是改变自己，或是从多个角度看待自己的这些方面，或转变自己的看法，或愉快地接受自己的这些特征。假如你搞不清楚，又接受不了自己的这些特征，就可以去寻求心理咨询师的帮助，帮助你解开心结，悦纳自己。只有在真正爱自己的前提下才能开始美好的恋爱生活。人们只有真心地爱自己并包容、接纳自己的不足时，才能较为客观地面对外面的世界和他人，才能与他人平等相处；当人们能够真实地认识自己、喜欢自己时，才能有敏锐的眼光去寻找适合自己的"另一半"。

当一个人找不到自己的缺点和不足时，就要警惕自己是否处在以自我为中心的盲目状态下。以自我为中心的人只知道爱自己，很少考虑他人的感受和需求，这种心理和行为特征会成为一个人情感生活中的阻碍。不断满足对方的情感需求是恋爱婚姻中不可或缺的中心内容。一个以自我为中心的人遇事既不能放弃自我利益的考虑，又无法体验他人的感受和需求，也就必然不能处理和调节与"另一半"的关系，又如何能长久地从恋爱婚姻中获得幸福呢？因此，以自我为中心的人在开始恋爱之前需要对自己有个清醒的认识，努力去调整自己，改变以自我为中心的个性。

常有咨询者委屈地对我讲："我的性格就是直，有什么说什么，他怎么就接受不了呢？"还有人兴奋地告诉我，她有一个宠着她的男朋友，但当我问她为对方做过什么的时候，其回答总是"他什么都不需要我做"。从这两个例子中不难看出,两个当事人既不理解也不去了解对方的需求是什么,这都是以自我为中心的表现。她们若不改变以自我为中心的个性,恋爱就很可能不会成功,即便进入了婚姻也很有可能中途结束。

人除了喜欢自己,还需要了解自己、清楚地知道自己需要什么。对于什么样的人才适合与自己长期相处,在寻找对象前需要先将这个问题搞清楚,为自己寻找的对象设立一个标准。否则一见到帅哥美女,眼前一亮,很容易就盲目地投入。

我认识一位男士,人长得帅气,事业发展得很好。他很喜欢小孩,所以特别想找一个愿意生育、会过日子的年轻一些的女士结婚生子。虽然他交往过许多女友,但是现在已经五十多岁了还没有找到一个可以结婚的人。他曾经交往过一个条件很好的女士。只是这位女士不太会关心人,也不太会做饭。可是在他们交往中,这位女士主动开始学习做饭,也会主动关心他。但是他却很犹豫,觉得这位女士的改变不是因为爱他,而是爱他的地位、钱财。刚巧这时他的一个朋友给他介绍了一个刚刚留学回国的音乐家,他便立刻放弃了这位女士,转而开始与那个海归接触。可这个海归是搞事业的人,没有生孩子的意愿,也没时间做家务,最后两人只能分手。从这个失败的案例中我们可以看到,虽然这位男士的条件很好,但是他对自己却并不认可。因为缺乏安全感,而把对方做出的改变看成"图谋不轨",轻易放弃。他忘了自己最初想要的是一个愿意生儿育女,愿意安稳过日子的女人。这个案例告诉我们，在我们开始谈恋爱前，了解自己、爱自己是多么重要啊！

选择对象必须是在真正了解自己并喜欢自己的基础上，否则就容易是高不成低不就，错过真正属于自己的那个"菜"。对自己评价过高，就容易遇到常常被拒绝的尴尬；对自己评价过低，虽然能比较容易地找到对象，但是相处到一定时期，就会发觉自己与那个人并不在一个平面上，双方并不适合，而那时也许已经进入"围城"。

二、谁是自己的另一半

1. 心里要有一杆秤

人在寻找恋爱对象前，心中要有清晰的条件，而这些条件也需要有一个排序。有的条件是必须具备的，有些条件是最好能够具备，还要将自己的需求分出级别。明确需求和标准，才能够让自己眼明心亮，找对象才不会犯迷糊，即使偶尔会被"闪电"击中，心中也不会失去自己的那杆"秤"。当然，标准也需要切合实际，要两人各方面的条件相当，这样才容易相配成功。可见在谈恋爱前，先把自己的想法及标准搞清楚，是极其重要的环节。

择偶问题是恋爱咨询最常见的内容。前不久一位朋友的女儿就有了择偶的困惑。她是一个学业有成、工作顺利的人，现在在一家知名外企工作，爱上了一个没有固定职业、比较前卫的男士。而我的朋友（女孩的妈妈）坚决反对，经过一番努力给自己女儿介绍了一个同样在外企工作的男士，并逼迫女儿去相亲，结果引起了女儿择偶的困惑。女儿认为这个在外企工作的人确实很不错，各方面的条件也很好，与自己蛮般配。可是那个与自己热恋的男孩，使她如此向往，如此痴迷，想到他，女孩的心里就会激情迸发。她真不知道自己应该如何选择了。不难看出女孩的激情来源于那个男孩和她之间的巨大差异，那个男孩的一切都给了她强烈的吸引。可是在外企工作的男孩，虽然优秀，但是与她太相似，因此对女孩的吸引力就要差许多。这时需要女孩思考的是恋爱的目的是什么？自己的需求是什么？如果她需要的是这样的激情，为此失去什么都无怨无悔，她可以选择给她激情的男孩。她假若需要的是安定的婚姻生活，可能在外企工作的男孩更容易实现。所以首先是权衡当事人对恋爱婚姻有哪些需求，然后是两个对象中谁能够满足她的这些需求，谁能够与她长久相处共生，她更能接纳哪一位男士的不足等问题。经过以上一系列考评后，心中才会明了，正确的抉择才会做出。

2. 你真的了解他吗

如果你喜欢一个人、爱一个人，想和他成为恋人，那么，他的哪些地方吸引了你，你喜欢上他的哪些方面，这些内容仍需写下来。按照自己理想的权重排列出来，其中应包括个性、品质，也一定不能缺少有关外表的内容。因为"人无完人"，你的标准不一定对方都能达到,这就需要内心有一把衡量的尺子,将各项条件按照自己在意的程度排列出来,避免在感觉的蒙蔽下犯以偏概全的错误。两个排列做好并进行比较后,你就会明白许多。

3. 会影响你正确选择的因素

(1)选择技巧要点之一:预防"光环效应"带来的困扰。

人们在婚恋中常免不了被自己的心理感受所干扰,以致出现认识的偏差。"情人眼里出西施"就是人的一种主观放大现象,即"光环效应"。也就是当人们内心喜欢一个人时,就会不自觉地把这个人的优点通过联想扩大化,把这个人的不足之处自动忽略掉,甚至把缺点和不足也看成是优点和长处,觉得是"可爱之处"。这个效应会使恋爱中的人得到不真实的信息,以至于觉得对方什么都好。当爱的激情平静后,才会发现对方的许多不足和缺点。自己不满意对方时,又会在同样的心理效应下,无意识地将其缺点扩大,使自己因失望而痛苦。为此,在恋爱过程中,人们一定要预防这个心理效应,以免给自己带来困扰。

在结婚前要"睁大眼睛",全面地看对方,看清对方的不足,针对某些"不足"(这些"不足"也许是真的不足,但是也可能就是不符合自己的要求或习惯)仔细考量,想想自己是否可以接纳对方的这些"不足"。当自己经过审慎的考量和磨合后,感觉愿意并能够接纳对方的这些不足,准备步入婚姻的殿堂。婚后的你就需要"睁一只眼闭一只眼"了，就不要对对方的不足过于在意和计较，而是要学会磨合和共处。当一个人对自己选择的恋人有了较全面的了解，对他的不足有了认知并能够接纳时，两人之间的相处也就变得容易许多。恋爱开始时的判断可能与两人接触后的判断会有些不一致，这也是很正常的，所以人们才需要在恋爱的过程中去深入地了解自己选择的对象。"日久见人心"——时间长了才能有比较准确的判断。经过一段时间的平静相处，蒙在眼睛上的热恋彩云逐渐消散，才能够看清楚对方是否真的适合自己。因此恋爱需要一定的时间和过程，不要急于结婚。相爱的双方都必须明白一个道理，那就是双方是两个独立的人，也必然是不一样的两个人。不要以为"既然相爱，就应该什么都是一致的"。这是一种认知上的误区。不仅客观上两个人必然存在多种的不一致，而且就恋人、夫妻而言，"不一致"反而更具有吸引力，因为两人可以在性格上或能力上相互补充，弥补彼此的不足。比如一个人细腻、稳重、谨慎，另一个人果敢、爽朗、合群，如果两人能好好经营婚姻，那么他们的家庭就相当圆满了。当然，两人的"不一致"也可能是矛盾发生的诱因，因此双方要学会接纳对方那些自己不喜欢的地方。两个人在发现对方的缺点，并希望其改变时，可以把自己的感受讲给对方听，并与对方共同探讨，了解对方在这方面的想法和感受。但要注意交流的目的只是让对方知道你不喜欢这样，并不是要求对方一定要改变。这时更需要考虑的是，这个缺点假如对方不愿意或不能改变，自己是否能够接纳。因为两人若是决定共同生活，就需要准备接纳对方的一切，而不是寄希望于对方改变。

（2）选择技巧要点之二：要知道你所喜欢的对方的优点，可能也会带来相应的问题。

人们恋爱的最终目标是选择一个合适的结婚对象，因此前期就必须有更深入的了解。为了减少恋爱中的误读，人们还需要知道对方的优点可能也会带来问题。这是一个人进入婚姻前需要"打"的"预防针"，也可算是一种"基础免疫"吧。

比如，很多女性都喜欢事业心强的男性，认为工作勤奋、有事业心的男人，一定是个"绩优股"，有好的发展前景。但事业心强的人往往会把事业放在第一位，在家庭生活中可能会使配偶感到孤独。那么作为事业心强的男人的妻子或恋人，你们是否愿意忍受这样的寂寞？是否会无端地怀疑对方不再爱你？是否想过对方的优点有可能变成你们婚姻危机的罪魁祸首？如果你在恋爱时就知道事业心强的男人陪伴自己的时间有限的话，并且仍愿意与对方一生同行，那么你对婚后的寂寞就有了准备，就不会难过、愤怒和猜疑，你就可以把自己的生活安排得更合理，也能使自己幸福快乐，并给对方一个温暖的爱巢。

又比如，很多男性喜欢温顺的、小鸟依人的女人，但这样的女人有可能是个依赖性较强的人，当你处在事业发展的高峰时她可能无法给予你所需要的理解与支持；在你事业低谷时，也许你会感到她是累赘和负担。到那时你还会接纳她并爱护她吗？漂亮帅气的人会变老、变丑，勤奋的人也会遇到挫折和低谷，温顺的人可能不善于沟通，刚强的人也许是个情感不细腻的人……每个良好个性的背后，都可能隐藏着它的另一面。只要你考虑好了，认识到位了，并仍然可以接纳对方，那么，即使在今后的婚姻生活中真的遇到了这样的问题，也不会成为你内心的困扰，也不会成为影响你们婚姻质量的因素。

性格特点是选择恋人的重要考量。很多人认为男性会选择温柔、顺从的女性，女性会选择勇敢、坚强的男性。但在现实生活中，男性选择女性时会在温柔、顺从的条件上加上自信独立，而女性选择男性时则会在勇敢、坚强的条件上加上温柔体贴。这种刚柔兼顾的标准还会影响到未来爱情及婚姻生活的满意度。一项恋爱与婚姻的研究表明，性格刚柔并济的人比单纯阳刚或阴柔的人更受欢迎、更有趣、更成功，因为性格刚柔并济的人更聪明、能力更强、适应能力更好。对已婚夫妇考察的结果也证明，性格刚柔并济的人是更好的婚姻伴侣。每个即将进入婚恋期的人，可以在社会实践和个人发展中按照这样的标准发展自己，提高自己的适应性，也为自己的婚姻生活奠定一个良好的个性基础。

（3）选择技巧要点之三：不要忽视双方家庭对人的影响。

在选择对象时不可忽视家庭因素，也就是家庭对一个人的影响。一个婴孩降生人世，开始接触和认识这个陌生的世界。

他最先接触到的就是他的养育者。这个人天天给他喂食，关心他的冷暖，体会他的需求，与他友好交流。这个养育他的人使他感受到这个世界的友好和安全，在他内心建立起安全感。到了一岁以后，他学习语言、学会走路，接触到更多的人，开始了自我的形成，建立起健康的依恋关系。从3岁开始，他会进入社会学习建立人际关系。约6岁，他的基本个性形成。因此，原生家庭对一个人的影响是深刻的。其思想、理念、行为习惯都离不开其朝朝暮暮所耳濡目染的一切，小到一个表情、一个举动，大到世界观、人生观（包括价值观）。家长有意无意的言行，都可能被孩子习得，成为孩子自身的行为习惯或思维方式。有时人们常说某某男孩虽然长得不像父亲，但"神似其父"，可见连其父的表情都被孩子习得了，更何况其他方面呢。

假如你有兴趣，可以回忆一下自己的言谈举止哪些像自己的父母；在处理一些事情时的观念或方法哪些像自己的父母；在与他人交往时又有哪些表现像父母。你会发现自己有太多与父母相似的地方。既然如此，自己在挑选恋爱对象时也要留心对方家庭以及父母的情况，这可以让你更全面地了解一个人。在同样环境长大的两个人，生活习惯、对问题的理解以及处理问题的观念往往都会比较相似，矛盾可能会少些，或更容易相互理解，但是并不等于两人一定适合，相反也可能会形成某种"想当然"的概念化的东西，影响了对彼此的理解。因此既不忽视家庭的影响，又不带偏见地去了解，才能得到对一个人的准确评价。成长在不同环境的人，会有许多不同的经历，形成不同的个性，这是在恋爱中相互吸引的原因之一，也使得两人相处中具有能够互补的优势。当人们了解到对方的不同之处时，就需要审视自己是否能够理解和接纳，这需要人们从感性的吸引，提升到理性的认同，才能够良好地相处、相恋。举个实际生活中可能大家都有体会的例子：一对夫妻，一人从小生活条件优越，花钱不太算计；另一人从小生活条件艰苦，养成了俭朴的生活习惯。那么，在他们俩的生活中，就必然会对花钱有不同意见，进而发生一些矛盾。但是这两口子如果能够对对方的家庭背景和生活习惯有所了解、学会接纳，双方还能认识到对方的习惯实际上是对自己习惯的补充或者是"矫正"，那这种不同就不能成为他们之间的问题了。比如花钱"大方"的人要花钱买一件不需要的东西，经过沟通，"抠门"的人提出了合理的建议，最后两人避免了家庭财富的浪费；公费体检中不包括某项内容，"抠门"的人舍不得自费去做该项检查，而"大方"的人坚持宁可自费也要检查，这时"大方"的人就做得很好，把钱用在了刀刃上了。如果这样的两口子能够配合良好，增进沟通，其实就是很好的搭配。

（4）选择技巧要点之四：要了解对方的兴趣爱好。

在相互接触中，了解对方的兴趣爱好，如喜爱的业余活动等也是很有必要。比如，你们俩都喜欢什么活动，希望对方与自己一起培养哪些爱好，对方是否愿意培养新的爱好等。人们在选择对象时，有时会因为"异性相吸"而选择与自己个性不同的人，但与此同时，个性的差异也会给两人的相处增加难度。因此，有无共同爱好也是影响两人亲密程度的因素之一。两人虽然个性不同，但是兴趣爱好有共同之处，就能增进交流；如果兴趣爱好不尽相同，但是双方都有培养共同兴趣的意愿，那么在这个过程中也一定会增进双方的感情。假如性格不同、兴趣爱好不同，又没有"趋同"的共同愿望，那可想而知，这两个人即使相恋、结婚，那么日后的家庭生活一定会因缺少共同乐趣而大为减色。

我有一个朋友，夫妻二人都属于喜欢较真的人，在生活中免不了争吵，甚至达到冷战的地步。但是他们有许多相同的业余爱好，两个人都喜欢运动、跳舞、唱歌，尤其歌唱得非常好，唱情歌堪称一绝，令人羡慕。在他们的影响下，两个孩子在音乐上也各有所长，时不时就在家里开音乐会，丈夫带着孩子演奏，妻子独唱，一家人自娱自乐，其乐融融，生活中的一些不快也就化解在这音乐之中了。这是一个相同的业余爱好促进情感的典型案例。

第三章

恋爱是人生的重要课程

不经历恋爱中的成长，人们就会缺乏建立亲密关系的能力，无法驾驭自己的婚姻生活，甚至可能失去甜蜜的爱情。

人在成长的每个阶段中，都有这个阶段的成长任务。恋爱是人生必经的一个过程，也标志着人的成长。人在性生理成熟后，就进入了性心理成熟的阶段。在这个阶段，人们需要学习与异性建立亲密关系，学习如何在爱情中与他人和谐相处，并能够持久地相爱下去。

恋爱时期，是开发人的潜能的最佳时期。若能够在这个时期处理好恋爱的各个环节，一个人就能在人格发展、人际交往、情感体验上得到很好的成长，同时也能提高自己多方面的能力。如若对恋爱缺乏正确的认识，认为恋爱可以一蹴而就，失恋就是致命的打击，那么恋爱就很容易给自己和他人带来伤害。那些因情感问题自杀或他杀的案例，以及许多与情感问题有关的犯罪案例，问题很多都出在当事人不懂得恋爱的真正意义，不知道爱情是怎么回事，把情感中遇到的挫折扩大化、灾难化。这些人仅凭着自己的感受去对待和处理情感问题，因其中夹杂着许多个人的心理问题，而将原本美好的爱变成了悲剧和罪恶的源泉。

比如，一个人由于自己的某些成长经历或家庭因素很自卑，当在恋爱中遭到拒绝时，感受到他人对自己的否定，就会无形中扩大自己的负面情绪，由自卑转向愤怒、仇恨，出现的后果就可想而知了。由于人性的本能都带有动物属性，如果一个人不懂得爱情，不懂得在相爱中尊重对方，有可能就将爱变为占有，当他所"爱"（在其内心中实为占有）的那个人不再爱他时（也就是不能继续占有对方），他会感到极端的失落，这样的情感结局往往也会是悲剧的。想要恋爱处于正确的轨道，首先对自己要有清醒的认识，解决自己的心理问题，能够很好地接纳自己，然后才能开始恋爱。这样即使自己在示爱或恋爱中遭到拒绝，也不会将失望变成愤怒和仇恨。假如人们知道恋爱是一个人成长的必经之路，也不会将一两次的失恋当成"世界末日"，而会在失恋后总结前一次的经验教训，不断完善自我，提高自己，让自己变得更加成熟，然后再次进入恋爱的世界。这才是正确认知指导下的爱恋之路。

一、追求美好的爱情

1. 培养自己爱的能力

（1）培养爱的能力第一步是学会自爱。

自爱就是能够正确地认识自己，愉快地接纳自己。自爱是对自己负责任，有自尊心。但自爱不是自私，不是以自我为中心。有些年轻女性总喜欢以压制、贬低、冷落等方法让对方重视自己，这并不是自尊的表现，反而是一种不自信的表现。

有一个女孩，她极喜欢一个男孩，因为这个男孩各方面都强于她，于是每次在外人面前她都会找碴儿让那个男孩表现出屈从、尴尬。虽然这个男孩也爱她，但是最后就因为忍受不了这样的行为而与其分手。这种因不自信演绎出来的所谓"自尊"，是有害于恋爱健康发展的祸根。爱首先要自尊自爱，要能够平等地与对方相处，才能健康地相爱。

当一个人爱上另一个人，就会主动地想去了解这个人，想办法与这个人相识、接触。因为相爱的两个人在相处时必定是尊重和关心对方的，并且会为对方负责任。因此恋爱可以无形中提高人们了解和认识他人的能力，培养尊重、关心以及对他人负责的品质。因为爱是给予，当我们爱着一个人时，通过自己的给予使他感到快乐、洋溢着生命活力的时候，我们也能从给予中得到爱的快乐。这种快乐的心境使人感受到爱的真谛，提高爱的能力。

（2）培养爱的能力的第二步是在相爱的感受中提高自己、完善自己。

恋爱像一面镜子，能使自己更加了解自己，提高自我认知、促进自我成长。人在恋爱中可以学到如何对自己和他人负责。

有位年轻朋友对我说，她恋爱后才发现自己的个性和交流方式有问题，需要改变。没恋爱之前，她经常与妈妈争执，出言不逊，但是自己并不觉得这是个问题，总觉得是妈妈的脾气不好造成的。当她与恋爱对象在一起的时候，她才发现，其实自己的个性很像妈妈。她向我表示：既然这样的个性不好，为了爱，就一定要改变自己。在恋爱的过程中，她不断地提高自己、完善自己。我真为她的成长感到高兴。

要恋爱，就必然要学习表达、接受和拒绝爱。无论是表达、接受还是拒绝爱，都需要勇气和信心，同时还需要有自重自爱的品质。有人不善于或不敢表达自己的爱意，主要是羞于表达或害怕被拒绝。很多人从小没有习得表达情感的能力，到了爱意甚浓的恋爱季节，却不得不勇敢表达自己的爱意，这就是一种成长。但仍有一些人无论怎样都难以启齿，以致错过恋爱良机。要知道，爱的表达不仅能表达自己的情感，同时还能给予他人财富。通过爱意的表达，你可以让对方知道自己被一个人爱着，这是一个很美好的境界，是一种可以使双方的需求得到满足的友好行为。因为得到他人的爱意，会激发自己生命的活力，这种爱的表达是一种无价的精神财富。所以，不要畏惧对他人表达爱意。另有一些人是惧怕表达爱意被拒绝。这样的人在被拒绝时会有一种自身被否定的感觉，感到非常沮丧。殊不知，这种感受的来源其实不是被拒绝本身，而是由于自我接纳不够。事实上他人的拒绝仅仅意味着对方拒绝与你谈恋爱这件事，而并非否定你这个人。有这种感受的人，就需要重新审视自己对自我的认知，看看自己是否真正地喜欢自己，从这里开始学习接纳自己，这样才能达到自我成长的目的。

收到爱意的人也要尊重并感激对方，因为对方能向你表达爱意就是对你的尊重和欣赏。现在还有一些女性，担心主动表达爱意，甚至欣然接受他人的爱意，会被视为"不够矜持""轻浮"。其实随着时代的进步，女性的自我意识也在觉醒。广大女性不仅与男性一样为社会做着贡献，还要勇敢地去爱和被爱。

恋爱中，无论是求爱的一方还是接受爱的一方，都要平等相处，才能将恋爱进行下去。不想接受对方的爱意时，首先也要尊重对方，不要态度冷漠或嘲讽对方，但是拒绝的态度一定要明确，并且要言行一致。因为当一个人爱上另一个人时，往往会带有一种美好的联想，不明确的表达会给对方模糊的信息，甚至错误的暗示，让对方以为你是"不好意思"，结果把问题搞得极为复杂。有的人在拒绝他人爱意后，因为觉得自己"亏欠"了对方，而改变了对对方的态度，主动搭讪，热情说话，有求必应，以为这样可以表达歉意。但是对方会认为，你口头拒绝了他，可还是对他这样好，肯定是因为你不好意思答应他的求爱。这种不明确的行为使得两人说不清、道不明，一方觉得从此背上了一个沉重的包袱，而另一方最后会感到被欺骗。本来都是好心，结果却事与愿违，说不定还成了仇人。

2. 掌握建立亲密关系的沟通技巧

恋爱的过程就是两个人学习建立亲密关系的过程，在这个过程中会遇到许多矛盾和冲突，因此学会解决恋爱中的问题，也是人的成长。每个人都是独立的个体，两个人的不一致是必然的，矛盾和冲突也是难免的；相爱的人想要长期相处，就需要寻求两人的一致，但是每个人又都需要有自己的空间，所以寻求一致和保留空间就成为一对矛盾，这就需要双方共同协调，相互理解、体谅和包容，促进矛盾的化解。

良好的沟通是双方协调的基础，也是建立亲密关系必不可少的条件。良好的沟通是恋爱中必须学习的知识和技巧，也是驾驭婚姻不可缺少的能力。在与年轻朋友讨论时，他们绝大多数人认为谈恋爱中最难的问题就是处理矛盾，最不愿意面对的就是被对方误解。而恋爱双方有了良好的沟通，就可以避免误会，减少矛盾。

（1）良好的沟通第一个重要环节是表达。表达一定要真诚，要讲自己的真实感受。

在表达时要用第一人称，比如，"我觉得""我希望""我想"。用第二人称表达，会有指责之嫌，而第三人称的表达，会混淆你的意思，导致别人误会你的立场，比如，"我妈让我……""我爸说……""他们想……",等等,让人不知道这是你的意思,还是你在转述其他人的看法、想法。另外,在表达时,要选择适合的时间和环境。只有在人心境平和时,才有心情听你的讲述,才能够静下心来体会你的感受。

在恋爱中学习表达自己的情绪、情感是一个很好的锻炼。很多人不太会或不愿轻易表达自己的感受。比如,为避免冲突,就不表达自己的愤怒;为了表现自己的坚强,就不允许自己表露出恐惧、软弱;甚至有人不想让自己变得温柔而关闭自己温暖的心房;要求自己当个理性的人、深沉的人,就去掩饰或否认生气、痛苦、兴奋或其他内心感情,等等。人们需要在建立亲密关系的过程中,敞开自己的心扉,学习表达自己的情绪和情感,给对方了解和接纳自己的机会,避免因缺乏沟通而引起误会和冲突。一些人常喜欢采用含混不清的手法,让对方猜测。认为猜对了就是了解自己的人,没猜对就不是知心人。这种方法不仅会引起误会、错失真情实爱,甚至可能会让自己因此而上当受骗,和并不合适的人交往。

曾经有位年轻人在择偶时征求我的意见,说他原来的一个女朋友又来找他,想恢复恋人关系。他心动的原因,就是对方几次创造机会肯定了他的能力,并又有几次与他想问题想到了一起。他觉得这个女孩子是他的知音,很是难得,因此动心了,想答应那个女孩恢复关系的要求。当我问到他们当时分手的原因时,这个年轻人才幡然醒悟,原来自己在被认同的需求得到满足时，忘记了爱的初衷。再进一步分析，那个女孩一定是知音吗？他们两人是初中的朋友，交往了很长时间，女孩对这个年轻人可以说非常了解，她现在所做的实际上是投其所好，以赢得对方的爱情，这是一件很容易的事情。因此在恋爱中不要轻信"知音"，而要学会真诚地表达和理性地分辨。有些人不能当面表达自己的想法，主要是怕对方不能接受自己，怕得罪对方，失去自己爱恋的对象。这些人首先需要建立自信，锻炼自己勇敢地表达内心的感受，争取得到对方的理解和接纳。假如在恋爱阶段不能勇于表达，即使步入婚姻，仍然需要面对两个人之间的冲突和矛盾，仍然需要真诚的沟通，否则就会使矛盾积攒、升级成为婚姻破裂的隐患。恋爱时节是相恋的双方相互了解和学习接纳的最佳时期，两人应在沟通中增进相互了解，加深情感。

（2）沟通的第二个重要环节是倾听，要认真倾听对方的讲述。

在对方与你分享时，你要专注，多用眼神、表情来回应对方，鼓励对方与你分享。还要留意对方的声调、语气、姿态、手势等信息。要知道，言语信息在人与人交流的信息总量中仅占7%，语气占35%，而非言语信息占58%。同一内容，因语音语调的不同，可能意思会相反；说话时的姿态、手势都可以帮助理解讲话的意义，因此，要想认真地沟通，必须专注。专注才能真正理解对方的意思，专注的同时也表达了自己对对方的尊重和接纳，是用非言语方式告诉对方，你非常在乎他。

（3）沟通的第三个环节最为重要，就是听完对方表述后的反应。

听了对方的表述后需要有所反馈，对对方的感受表达你的理解和接纳。反馈得恰当，对方就会感到被理解，认你为知音，增强相互信任，为亲密感的建立铺平道路。反馈得不恰当，会影响进一步的沟通，阻碍亲密关系的建立。比如，一方在遇到不愉快的事情后向另一方讲述时，他会讲述事情的经过和自己的情绪。假如听者能够对其不愉快的情绪给出理解性的反应，如"你觉得很委屈""你感到不被尊重""你两头为难，很郁闷"……对方会感到你真的很理解他。假如你的反应是"你当时就不该……""你根本就用不着理他们""你总是揽太多的事情"……对方会觉得你不理解他，甚至觉得与你诉说还不如不说。这样就会拉远两人之间的距离，沟通就会停止，影响对方进一步相互理解、建立和巩固亲密关系的进程。

表达时，所说的内容与非语言信息相互矛盾、言不由衷、不善于表达、认为说也没用，这些都是影响沟通的因素。倾听时，心不在焉、边听边提意见、认为对方是无事生非、只猜测意思而不注意听内容、不清楚的地方也不询问，这些都是听者不好的沟通行为。表达时能够心口如一，抒发自己的感受与真情；倾听时表现出感同身受……这才是良好的沟通技巧。要做到良好沟通，需要自我审视，发现自己在沟通中存在哪些不足并努力改善，这样就能增进了解，发展真正亲密的关系。

不能够做到心口如一表达自己感受的人，可能是在自我评价上还没有完全自我接纳，还缺少自信，害怕当自己真实表达意见或感受后对方不能理解，或遭到对方的批评；还可能是受家庭影响，害怕因表达而引起冲突。这一方面需要当事人进一步认识和接纳自我，让自己勇敢地冲破自己的心理障碍，另一方面，更需要恋人的支持。这种支持主要包括在对方表达时参与交流，表示关注、理解和接纳。在两个人的配合下，双方直率、真实地表达自己意愿和思想的习惯行为是完全可以建立起来的。这是恋爱中需要完成的课题，没有良好的沟通，就不可能有真正的亲密关系，没有真正的亲密关系，爱情就不可能长久，婚姻就不会牢固。

3. 解决恋爱中的矛盾冲突

两个人的成长环境、价值观、生活方式不同，对事物的看法、态度以及处理方式都可能不同，在相处的过程中出现矛盾和冲突是难免的，关键是如何面对和解决出现的矛盾和冲突。当两人对对方的某些行为、做法、态度不满意时，难免会产生抱怨情绪。这种情绪是可以表达的，但是表达抱怨情绪要注意只对事，不能对人，而且不能只是表达抱怨情绪，还要向对方提出合理的改变要求。在解决矛盾冲突时，最好采用"一事一决"的办法，一次只解决一个问题，不要将问题积攒到一起再解决。还要注意不在有情绪的状态下去试图解决任何矛盾冲突。因为，在有情绪的状态下，双方可能都不冷静，都会在情绪的驱使下无法良好地沟通，甚至激化情绪，反而使矛盾加剧。

如果双方都有良好的沟通习惯，解决矛盾冲突就比较容易。解决矛盾冲突基本是这样一个过程：先是由发现问题的人把问题提出来。在提出问题之前，应先在自己的脑子里想一遍，确保尽可能清楚而具体地向对方陈述问题。听者要认真听对方在讲述什么事件，体会其感受，并对讲述者的话做出回应。听的过程中，对不清楚的问题可以询问，以便弄清对方讲的是什么、感受是什么。人们常常在冲突发生时去解决矛盾，但冲突发生时人处在负性情绪下，往往会以不正确的行为来解决问题，如指责、出言不逊、态度强硬、絮叨等。这样的处理方式会使对方反感、拒绝，由此引发更大的冲突，不仅解决不了矛盾，反而造成冲突的恶化。所以解决冲突一定要在气氛和谐、心情平静时进行。

经过良好的沟通后，双方都清楚发生了什么事情，这时提出问题的一方便可以继续提出一个可行的解决方案，对方也可以提出自己认为可行的方案。然后双方讨论这些方案，直到双方能够取得一致意见。

在讨论时，不要假定对方在想什么，除非你已经很明白地询问过对方，证实了自己的假定；也不要假定或预测对方会如何反应。在讨论时切忌给对方贴标签、戴帽子，不要不分青红皂白地对对方的感觉进行贴标签式的批评，特别是不要轻易评价对方的感觉是否真实或重要。在讨论中进行讽刺是一种非常不可取的争执手段，对两人的关系有害，切忌使用。讨论时也一定不能采用翻老账的方法。为什么不要翻老账？其一，是因为要解决当时发生的矛盾，而不是以前的问题；其二，如果对方免不了受伤害和被激怒，应该使这种状况在问题解决的过程中尽早发生，否则对方可能会感觉你有心保留这些当作争执的武器；其三，以前已经提出并解决了的问题再次提出，可能会伤害对方的自尊，引起对方的负面情绪，破坏解决新矛盾应有的良好氛围。在讨论解决问题的过程中，要随时考虑做出妥协。感情的世界里没有完全客观的现实，因两个人的视角不同，看待事物的方式就会产生差异。但是从个体的角度看，两个人对事物的看法都是一样真实的，所以需要两人相互尊重，在可能的情况下做出一定的妥协，有妥协才能实现矛盾的解决。"退一步，海阔天空"。

当然，为解决冲突而需要做出的改变，应该是两个人能做到的、最可行的。这里并不存在谁对谁错，而是要可行。达成共识后，接下来就该讨论如何付诸行动。要清楚地回答：谁要做什么？何时做？怎么做？

同时，改变就意味着自己必须放弃一些坚持。因此两人还需要想想自己是否存在一些妨碍改变的因素，比如，习惯、个性等。只有两个人都有决心这样做，并且愿意妥协，矛盾才能真正解决。

在解决矛盾冲突时最忌讳两个人有锱铢必较的心理状态，也就是非要争出个你错我对来，谁也不向谁低头。其实两人相处中出现冲突的原因大多是非原则问题，没有什么对与错，只是怎么样做更有利于两人的相处，或更容易被双方接受而已。因此在解决矛盾冲突时，需要双方学习放弃、妥协、谦让、理解、接纳。当一个人具备了这样的品质时，就标志着一个人成熟了。

二、在失恋中成长

世界上的一切事物都有着矛盾对立统一的规律。恋爱和失恋就是一对矛盾，有恋爱，就难免会有失恋。两个人只有在相处中，才能真正了解到对方的个性、价值观、行为方式等，才能真正了解彼此是否适合。经过了解而出现"不适合感"是完全正常的，谁也不能肯定现在恋爱对象就一定是适合的。

记得在20世纪六七十年代，很多人的观念是只要谈了恋爱就不能分手，哪怕有想分手的心思，自己都觉得不好，认为这样做是品行不好的表现。他们中的一些人可能把谈恋爱等同于结婚，觉得谈了就必须得成。如果真是这样的话，那何必还要谈恋爱呢？直接结婚不就可以了？恋爱仅仅是一个选择的过程，这个选择是双向的，必须双方都满意，两人才能走进婚姻。

在生活中，失恋的悲痛往往是因为一方感到满意，而另一方觉得不适合。在爱的愉悦心情下听到对方说"拜拜"，情绪一落千丈，很容易让人钻牛角尖，不能自拔。如果这个失恋的人有着比较自卑的个性，他感到的就可能不仅是情绪上的失落，更可能有被否定的感觉，进而很容易走极端。因此在需要分手时，提出的一方一定要尊重对方的感受，明确表达自己的理由，要肯定对方对自己的好，肯定对方的优点，尽量缓解对方因失恋引起的负面情绪。而失恋方要理性地接受对方的决定，祝福对方能够找到自己适合的对象，因为他曾是你爱恋的那个人，希望他幸福应该是你爱的初衷。在恋爱观不正确的前提下，失恋所引起的负性情绪可引发许多悲剧。我衷心地希望能够通过本书让更多的恋爱中的人或者是准备进入恋爱期的年轻人能够不再迷茫，更加理智地享受恋爱的幸福，同时理智地对待失恋的痛苦。特别需要强调的是，恋爱双方不管是在进入恋爱的时候还是在准备分手的时候都要谨慎从事，即使准备分手，也一定要尊重对方的人格，保护对方的自尊（实际上一方如果能够注意保护对方的自尊，自己的自尊也会得到保护）。

失恋确实是一种痛苦的情感经历，会令人感到自尊受损，产生自卑、忧郁、焦虑、痛苦、沉闷、悲伤、愤怒等负性心理，甚至会产生"自己是不值得爱的人"的消极情绪，甚至引发怀疑，不信任任何人，自暴自弃，与曾经爱的人反目成仇。因此，决定分手的一方要注意，尽量要正确地表达并保护对方的自尊心，但是理由和态度必须是明确和坚定的，不要"拖泥带水"或者"藕断丝连"，要尽量缩短对方感到困惑的时间，减轻对方的情感压力，这样也能给对方调整心理状态留出更充分的时间。

其实，恋爱是一对男女为寻找和建立爱情而相互了解和选择的过程，失恋只是一种选择的结果而已。谈恋爱的两个人从外表或刚刚接触的感觉中觉得可以进入谈恋爱的角色,并不等于这两个人一定会走进婚姻。当双方感到难以相处时,决定放弃这段恋情就是明智的举措。放弃的本身从长远角度看,就是放弃一个不幸福的婚姻,对恋爱的双方都有积极意义,是一种负责任的表现。何况失恋也给双方带来了一个重新选择的机会。

失恋确实与其他挫折事件不同,从某个角度看,还能帮助我们做出正确的自我评价。在恋爱中的每个人都希望自己的对象能对自己满意,对自己有一个好的评价,因此失恋就更容易引起失恋者对自我的否定,从而引发强烈的情绪反应。假如双方能够认识到,失恋只是因为两个人的不适合,而非一个人否定了另一个人,那么随之而来的自我否定及绝望消极情绪就不会那么强烈。

失恋同其他挫折一样,只要能正确对待,就一定会让你在其中变得成熟。逆境会让人冷静,会促进人思考,人们会从恋爱的失败中提高爱自己的能力,在反思中更加了解自我,提高自我认知,这也是失恋给予人生的财富。

有人说,"我把所有的感情都给了以前的女朋友,已经没有情感再给下一个女朋友了","我付出了所有的努力都留不住前女友,那肯定也留不住别人,真是灰心失望"。实际上,说这种话的人还没有从失恋中走出来。

失恋的人要允许自己有一个释放的过程。释放就是要求自己不要总沉浸在原来的情感中,反复回味自己已经丢失的情感,不断强化自己的悲伤情绪，而是要求自己投入新的环境，如努力地学习、工作，让自己的情感投入自己所参与的事情当中，体验新的积极感受。这样随着时间的流逝，会逐渐淡化和消除因失恋产生的负面情绪，也就可以开始没有失恋情绪笼罩的生活了。那时也就又具备了充足的情感，来面对新的恋爱对象了。

失恋的挫折还会让当事人深思，思考自己的品质以及与人相处是否存在问题，比如，自己在与恋人相处时是否总是围绕着自己的好恶，只注意了自己需求的满足，没有关注对方，或自己的言行是否伤害了对方的自尊等。假如通过这次恋爱认识到了自己确有不足，并改变了自己这些不足，这就是失恋的收获。

恋爱的两个人分手，还可能是因为对方认为你的其他条件不符合他的要求，如个性或家庭背景。这是对方的需求，并不能说明你的性格不好或你的家庭背景有问题。比如，他是一个喜欢安静的人，而你是一个喜欢聚会，恨不得天天聚在一起乐呵的人。恋爱中他发现了这个不融洽之处，提出分手，这也未尝不是一件好事。在某电视征婚节目中，一位男士提出不愿意与单亲家庭的女孩谈恋爱，因为在他的概念中，单亲家庭的孩子一般容易有心理问题。虽然他的这个认识有片面性，但那就是他的观念，并不能说明对方的家庭就真的有什么不好。其实单亲家庭出来的孩子可能更珍惜自己的婚姻生活，更能承担家庭的责任。

失恋可以成为一个人的成长机会,可以提高人对挫折的心理承受能力。我们要学习从失恋的阴影中走出来,尽快开始自己积极向上的新生活和对新感情的追求,而不要过久地沉浸在失恋的负性情绪中,那样不仅会影响自己的正常生活、工作和学习,还可能会让自己错过自我提高、自我成熟的机会,实在是得不偿失的事。

三、将爱情进行到底

将爱情进行到底,保持爱情的长久,这是一种能力,也是人生永恒的议题。

想将爱情进行到底,就需要知道健康的爱情包括的三大层面,即生理、情感和理性。生理就是保持健康的身体以及性的吸引,情感是相互爱恋的感情,理性就是用理智处理两人关系中出现的矛盾。

人能够在恋爱中健康成长是保持爱情长久的最重要的因素。自我成长和自我发展本身就会给对方许多新鲜的感受,这样的感受会给爱情增添新的活力,产生激情,而激情的不断产生和积累又能保持着双方的相互吸引。就像两棵大树,相伴相生,相互遮挡风雨。假如一个是"树",一个是"灌木",早期一样高,而后来一个长成参天大树,另一个只能摇曳在其脚边。这样的"一对儿"如何相互交流和呵护呢?所以,相爱的两个人需要同步成长,否则就可能出现新的陈世美与秦香莲的故事了。

有人说：没有秦香莲就没有陈世美。其中的道理就在于平衡。当一方在原地踏步时另一方已经飞上了天空，不管他是如何飞上去的，双方的巨大差距已经存在。到了这个地步，到底两人在一起是道德的，还是分开才是道德的，已经难以讲清。当说到这里，有些人会感到困惑——难道一个成为处长另一个也要成为处长？这里讲的平衡，是人的素质、眼光、见识、追求等能够相辅相成，从而使两人能够交流理解，这样才可能保持两人之间的爱恋与亲密。在来找我咨询的案例中，经常有贤妻良母型的妇女遭遇家庭破裂的打击。只要深究其原因都不难发现，这些贤妻良母往往都是只注意对丈夫事业的支持，帮助丈夫成长，却忘记了自己应有的进步，使两人的差距越来越大，结果自尝了其中的苦涩。因此，我给这些贤妻良母的忠告就是：贤妻良母要做，但是切不要忘了自己的成长和进步。

有一个真理大家都必须明白：无论多么相爱的两个人，也还是两个独立的人。因此恋人、爱人之间同样需要有一定的界限，界限不清的恋人和爱人会缺乏独立空间，双方都会感到一种压力。长此以往，结果不会太好，这样的关系也难以持久。就像一棵大树和一根藤蔓的关系。这种"藤缠树"的关系似乎是亲密无间，但是却使树的压力过重，影响了树的发展，藤蔓甚至可能会将树缠死。两个人相爱，因情感的驱使，怎么也爱不够，甚至希望爱要达到"你就是我、我就是你"的程度，这实际上是一种"恋爱幼稚病"，是对爱情的一种"初级"理解。

情爱的"高级"阶段是一种理性和情感的结合。对爱的理解足够深刻的人一定懂得用理性控制情感，注意给对方留有一定的空间，让双方都感到自在。这样的两个人反而比那些爱得"轰轰烈烈"、不分彼此的人，更有可能长久地相处。

要爱情长久，还需要双方都读懂对方那本"书"，在长期相处中，尽量以积极的、建设性的方式满足对方的需求，并要学会包容接纳对方的不足之处。如果能将恋爱中学习到的有效沟通以及处理冲突的方法，固化下来成为两个人相处时的习惯行为，那么就不愁爱情不长久了。

第四章

恋爱中的异象

这里的"异"并不是异常,而是以不同于一般的恋爱发展规律,即相识—恋爱—结婚,而进行的婚恋。

在经济迅速发展、信息不断丰富的今天,人们对情爱和婚姻的理解,也出现多样化的特点。无论人们选择什么样的方式方法去恋爱,都需要自己去品尝其中的快乐和痛苦。人性中都有自私的因素,但只有当一个人的自私侵犯他人时,才会受到公众的谴责或法律的制裁。同样,爱是人类情感的需求,对爱的追求是正常的行为,只要你没有侵犯他人(包括你追求的对象)。但是无论怎么选择,相爱都离不开人类情感发展的规律和每个个体的特征。人们相爱的激情一般可持续30周左右,当激情不再,如何继续相爱、和谐相处,抑或是分道扬镳、各觅新欢,都是人们需要认真思考的。

一、网络爱情

科技给人们带来了许多便捷,婚恋网站的出现给想恋爱的人们带来了许多方便,尤其是对那些社交圈子小和性格内向的人。人们可以在网上初步了解心仪对象的基本情况,从中选择条件适合的人再进一步了解。性格内向的人可以先不用面谈,而是等熟悉了之后再见面。但是因网络可以连接天涯海角的人,使得相距遥远的人由于种种原因不能较快地见到对方,于是就出现了网恋。

网恋常常给人美好温馨的感觉。充满情意的言辞,美好的想象,面红心跳的反应,爱意浓浓的情绪……两人似乎有说不完的话题。语音聊天时,听者会产生无限的遐想。心理学的实验显示:人们常常会基于自己听到的声音去联想发出声音的这个人的长相或品行等,比如有磁性的男性声音,就会让人想象到高高的个子,帅气的面孔,对人和蔼,文质彬彬等;温柔的女性嗓音会让人联想到漂亮温柔的女性,会体贴人,明白事理等。于是两个人就越来越"爱"到不能分离。但这些网恋的人们,他们往往在网上爱的是自己内心构建出来的人(完美无瑕的人),而不是真实的对方。即使你在照片或视频中看到了这个人,但没有真正接触过就不会有真实的了解。

许多网络诈骗就是利用了网络可以混淆真实生活和虚拟生活的这个特点来欺骗当事人的。网恋不仅不能真实全面地了解一个人，而且具有危险性，请不要涉足。我们可以通过正规的婚介网站，寻找适合自己的恋爱对象，但是谈恋爱一定要两个人多接触、了解，才能最终找到一个真正适合自己的结婚对象。

二、同居给了人们什么

许多人对同居的理解是：婚姻不就是张纸吗？只要相爱，我们同居也一样。另有人认为，结婚前先同居可以起到试婚的作用，何乐而不为。也有的同居者仅仅是急于生活在一起，减少开支，糊里糊涂地开始了同居生活。再有一种情况就是和已婚者有了恋情，发展到同居生活。但是同居是不是恋爱的归属，这是需要讨论的问题。

"因为相爱我们才住在一起的。"这是一些同居者的解释，但是现代人的婚姻也同样是因为爱才成就的。同居与婚姻到底区别在哪里，两种形式哪种更有利于爱情的发展呢？同居对两个人来说相对自由些，而且因为没有保障和对亲密关系的不安全感，促使同居双方更珍惜彼此相处的每一天，可能感觉爱意更浓。支持同居的人认为同居的两个人爱得更纯粹，婚姻因为有许多责任和义务，所以婚姻中的爱似乎就不那么纯粹了。其实这里面就体现了对真诚的爱的理解差异。单从爱的激情来讲，同居可能是激情的良好释放方式，从而减少了初婚矛盾。但是从人的情感经历来讲，同居与婚姻同样要经历生活在一起的适应期，同样要经历"七年之痒"。同居的两人往往在相处

7～10年时，因没有责任的束缚，没有婚姻道德的负担，缺乏努力改变的力量，选择了分手的有很多。不在婚姻中，谁也没有义务一定要为对方负责任，何况过了瓶颈期还需要付出努力。在"七年之痒"到来之际，两人在情感困境中，很可能都会想寻求新的情感依附对象，而同居的松散结合模式也很容易导致双方分手。当人们回首再看同居现象时，就会发现许多选择同居的人，多少存在着责任心不足、恐惧婚姻、恋爱心理不成熟等情况。因此当人们爱得死去活来时，千万不要以为爱情可以代替一切。假如你真的爱对方，希望和他生活一辈子，请不要选择同居。

还有人觉得试婚似乎有一定道理。试婚就是试试两个人是否适合生活在一起。比如，两个人的生活习惯、性生活等是否协调。但是人们往往忽略了性在一开始给人们的感受都是极好的，尤其在爱的激情的驱使下，性生活使人不能自已。在同居的初始阶段，激情的干扰会使人们很难看清自己真正的需求和对彼此的真实评价，当美妙的性活动趋于平淡后，对婚姻的尝试却往往难下结论，不知道是该结婚还是该分手。这样的例子在实际生活中比比皆是，一方觉得不适合，而另一方难以放弃时，同居试婚的痛苦就必定会出现。

同居不像谈恋爱那样可以说分手就分手，毕竟形似婚姻的同居生活中双方的付出要比在恋爱关系中多得多；而同居又缺乏婚姻关系的约束，可以说分手就分手。不同意分手的一方，无论你多么痛苦，也只能是"无可奈何花落去"了。国家法律对未办理结婚登记而以夫妻名义同居的，定义为"非法同居"。这样的同居，国家是不提倡的。同居的两个人不受法律的保护，没有相互的承诺，在相处中，往往更爱对方的那个人在同居生活中付出得更多。当分手时这个人就会更痛苦。

现在很多年轻人对婚前健康检查不屑一顾，却崇尚试婚。而实际上，经过体检证实两个人都是健康的且双方都有一定的性知识，那么性生活一般都会是和谐、正常的，无须试婚。性行为是人类基因带来的原始行为，而是否和谐，就需要人们在性生活的过程中交流磨合，这其实也是婚姻生活的内容之一。在婚姻生活中，人要让自己的另一半生活得愉快、幸福，那么就会关注对方的感受，努力使性生活协调。

两个人有了责任和义务，才更容易使双方都对性生活感到满足和愉悦；两个人有了责任和义务，会更加爱护对方的身体，做好避孕，避免让女方意外怀孕。只要爱存在，无论结婚还是同居，两个人都需要学会接纳、尊重、放弃、忍受，而同居的人相对来说更追求爱情的浪漫，忽略了爱情的本质。没有承诺和责任，人更容易关注自己的感受，维护长久情爱的意愿不强，自然为爱而改变自己的意识也相对薄弱。婚姻中，夫妻的平等关系更容易促进双方彼此适应，而同居生活也许会因为某一方更怕失去另一方，造成两者的不平等。只由一方去适应另一方，这是不平等的关系。从这一点讲，在生活适应方面，婚姻也优于同居。

糊里糊涂地开始同居往往是一见钟情，或利益相投，很快情感升温，然后毫不犹豫地发生性关系，一起同居过日子。这种伴侣一般在两三年激情过后，问题就开始显露出来：情感冷却、怀孕、流产、未婚生子、发现问题（如发现对方不可靠，自己被欺骗、被利用）、感觉社会压力大，等等，然后就是愤怒、情感破裂，产生报复情绪，进而承受、忍耐、痛苦，给自己的一生带来不幸，甚至会把这种不幸延续到自己的后代。如何来解决这些问题，又需要面对一系列的复杂情况。但无论怎样折腾，你都很难再将自己美好的梦想实现了。人们在恋爱开始时，就应该具备恋爱的知识，了解什么是爱，懂得应该如何去爱。只有具备了这些知识，在恋爱中才不会迷失方向，才不会在梦想还没有实现时就掉进痛苦的泥潭。

一般未婚同居的伴侣，是有了性关系后步入同居状态的，其中有的是经过认真恋爱的，也有的只是因一时好感而发生了性关系，然后就住在了一起。无论是什么样的情况，其中绝大多数人还是想最终走进婚姻殿堂的，可是事实是同居的情侣真正走入婚姻殿堂的并不多。所以在这里我要特别提醒那些抱有美好愿望的青年，若想结婚，同居肯定不是一条捷径。你在与恋爱对象同居前，甚至打算发生性关系前，就要搞清楚你的对象是否最终能和你结婚，除了要考虑你们俩适合不适合外，还要考虑你们有没有结婚的准备。假如对方不想步入或暂时不想步入婚姻的话，你是否有与他一辈子不进入婚姻的准备。假如你与对方的想法不一致，那么一定要在达成一致后，再进入亲密交往的阶段，否则甜美爱恋的后面就是痛苦和悲哀。

三、独身主义的选择

因社会发展的不均衡，人们文化认知的改变，人们对自我更加关注，社会的开放以及社会宽容度的增大，等等，无论是主动的还是被动的，如今许多人选择了独身生活。现代人，自我独立的思想意识越来越上升，而社会的发展、物质的丰富和基本生活条件的提高又给人们的独立生存提供了物质条件。一个人独立生活和生存是不成问题的，半个世纪以前所流行的那句"嫁汉嫁汉，穿衣吃饭"的话实在是过时了。但是无论有无婚姻，人对爱的需求都是最本能的需要。一个成熟的男人或女人，谁也摆脱不了对爱的渴望。

独身的生活方式最需要解决的问题就是如何满足自己对爱的需要。有人讲，满足情感和性的需求是一件很容易的事情，只要双方愿意就能达成一致。除了爱恋与性，不需要对方给予其他什么。这里需要将爱情与性分开来看，因为性不能代表爱情，对性的需求和对爱的需求是两个层面的需求。性是人的生理需求，爱是人的精神需求。生理需求就像吃饭喝水一样，可以多一点，也可以少一点，只要不饿不渴就可以了。性也是同样，有没有感情都可以完成，都可以得到不同程度的生理满足。当然，有爱的性，更迷人，为此人们更希望自己的性生活在一定的感情基础上进行，更能享受其中的乐趣和爱与被爱的感受。假如性活动确实是由爱而生，那么难免就会有情感的发展，而情感发展到一定程度就很容易一不小心就伤害到他人。有许多人认为满足自己的情感和生理需要是他们的权利。这个权利没有人否定，但是另一个无辜的人的权利呢？

其实那些因性而生的情感，是由性的感受引起的一种激情，而这种激情、感官的愉悦固然令人快乐，却不属于爱情，所以不顾一切地追求这种自由和爱的人是极为自私的。人需要情感的依托，是再正常不过的事情，没有情感依托的人就像海里漂泊的孤舟，孤独而没有安全感。独身的人想找到一个可以依托的人，无可厚非，但是必须要考虑自己的行为会不会侵犯到另一个无辜者的权益。

当发现自己的性伴侣不能满足自己爱和被爱的需求时，人往往会有一种被利用、被欺骗的感觉。这就需要独身的人搞清楚，性不等于爱，在满足性需求时不要奢望对方的爱。因为爱不仅是激情，爱还包括奉献、承诺、放弃、容忍、接纳，等等，而性的内容更多是爱抚、亲近、接纳，甚至是"占有"。虽然在人的行为和感受中有时爱和性很难分开，但是两者的本质却相距甚远。

有人讲，独身主义是社会进步在婚恋方面的体现，我对这个观点不敢苟同。虽然婚姻中确实会出现许多问题，需要人们去面对和解决，但是到目前为止我仍然认为一夫一妻制的婚姻还是最符合现代人类需求的。无论情感还是生理上的需求都可以从婚姻中得到满足，而且婚姻制度也保障了人类的这一需求。也许，许多年之后人类的家庭可能会消失，人们可以根据自己的需求采用各种各样的爱恋形式，但那不是今天要讨论的问题。我们今天看到的还是独身存在的问题多于婚姻生活中的问题。虽然现代女性很独立、自信，可以让自己很快乐，有驾驭生活的能力，但是婚姻会给人带来更稳定的、丰富的情感生活，使一个人有归属感。社会上还常常听到这样的说法，"没结过婚没生过孩子的人，就还是个孩子"。我研究了恋爱婚姻这个课题以后，非常赞同这个评价。在恋爱中人们学会了如何认识自己和他人、如何去爱一个人、理解一个人，在婚姻的长河中人们还需要学会有效沟通、包容和接纳他人、做一个独立的人、理解别人的行为……最终才能真地使自己长大，成为一个合格的社会人。否则"巨婴"这个词就再适合不过了——外在是个大人，内在的情感思维还只是一个没长大的孩子。所以我希望年轻人不要放弃恋爱和结婚，不要错过学习和成长的机会。

在现实生活中，有许多人是"被独身"的，其实他们很希望改变自己独身的处境。"被独身"由许多因素造成，大概可以分成内因和外因两大部分。外因是环境和机会，内因是自己人生观、价值观以及寻求配偶的标准（指标）和眼光。

应对外因造成的问题，首先自己要有想成家的欲望，然后不放弃任何机会，多参加社会活动、朋友聚会等，使自己接触面扩大。如果确实由于自己的工作太忙，没有时间和精力交朋友，那还是需要自己做好个人发展规划，主动、积极、精心地给自己的生活安排出时间，否则就需要放弃对一部分的追求。舍得舍得，有舍才有得。放弃什么、追求什么只有自己是最清楚的。真正清楚了，就知道得和失都是自己的选择，不会伤及自己，也就是无怨无悔。如果不清楚，糊里糊涂凭感觉走路，"醒"过来时会痛苦不堪，伤了自己。

内因是自己的观念所致。无论是男人还是女人，一般来说都有一个习惯性的或者说是普遍性的择偶"标准"。男人希望女人的能力不及自己，性格顺从；而女人都希望找一个比自己强的人来呵护自己。这种观念使很多高学历、高收入、高年龄的女人成了当代的"剩女"。以现代人的观点看，人能生活在一起是基于两个人的情感，相互可以满足对方在情感上的需求，这些与他们的学历、收入无关。因此我建议，想脱离独身的人，不妨以更现代的观点来对待自己的婚姻选择，比如年龄不必男大女小、学历不必男高女低、收入不必男多女少、个子不必男高女矮。这并不是降低标准把自己"卖"了，而是更注重了两个人的情感因素。目前社会上已经出现打破格局的婚恋关系，很值得庆幸。

曾遇到一个白领女士，她与一位优秀的白领男士离婚了，在她离婚后回到娘家时，刚巧遇到她高中的初恋。他还没有结婚，她与初恋从小一起长大，一起上小学、中学，高考时他没有考上大学，主动疏远了她。后来她上了大学，大学毕业后留京，在一个大公司工作，遇到那个优秀而帅气的男人便结了婚。幸福的生活过了不到三年，丈夫有了新欢，于是就与她分手了。当她离婚后遇到初恋，并得知他一直没有结婚，触动了她的心。她问我："要是当初我们不是因为考学的问题分手，也许我会比今天幸福吧？"也许吧，因为他确实真心地爱着她。

准备结婚必须以情感为基础，年龄、学历、身份、身高、经济都是次要的条件。而人们在选择时往往忽略了情感因素，把附加条件看得太重，使一些好男人、好女人成了"剩男""剩女"。

我把这些写给读者，就是希望读者能够从中了解一些有关婚恋和情感的知识，理性地选择自己的婚恋道路，让自己获得更多的快乐和幸福，减少悔恨。

中篇
婚姻与家庭篇

第一章

准备好了再结婚

结婚是恋爱过程中的一个里程碑,也是决定一个人一辈子的家庭生活能否和谐幸福的大事情,每个准备结婚的人都需要审慎对待。

婚前需要有充分准备,这是为了给自己长久的婚姻生活奠定坚实的基础。希望人们在爱得"发昏"时能够理智地看待婚姻。一些人总是企图利用机会或他人达成自己的目的、满足自己的需求;一些人更加重视"自我",这种"自我中心"的思想和行为在得不到正确引导和抑制的情况下会不断发展、膨胀。但是经营一个美好的婚姻或一个长期的亲密关系,婚恋双方都必须准备放弃自己的一些利益、需要、期盼。因此在进入婚姻前确实需要做好应有的心理准备,应该有成熟的婚姻观。婚姻是会变成爱情的坟墓,还是成为爱情的继续与发展,婚前的心理准备是一个关键环节。因为婚后的许多矛盾和冲突,甚至分手的理由，都是因为婚前的心理准备不足。民政部2023年发布的统计报告显示，离婚率从2000年的0.96‰上升至2023年的3.1‰，飙升近3倍（离婚率的计算方法：某年的离婚率＝某年的离婚次数／某年的平均人口总数）。也许，其中就有许多是因为没有做好准备，而仓促进入婚姻的人吧。

一、是否到了该结婚的时候

婚前的第一项准备，就是要认真评估一下自己是否已经到了可以步入婚姻殿堂的时候。这个评估需要从4个方面进行：

1. 评估双方的结婚动机

两个人选择结婚的原因有很多，比如：为了填补爱的空缺，比如与父母的关系不好，为了逃避不愉快的原生家庭，着急想自己有个家；或是因失恋情绪没有平复，想用结婚来填补自己情感的缺失，以结婚的形式打消自己在婚恋生活上的不安全感；或两人已经有了性关系，觉得有责任结婚；也许一方悲惨的遭遇和痛不欲生的情绪，让另一方心生怜悯，因同情对方的遭遇而选择结婚；或因为自己年龄较大，出于社会、家庭的压力需要早些解决婚姻问题；或因为经济状况，想通过婚姻改善自己的生活，感觉找到一个有钱人结婚心里就踏实了；也可能是因为失恋，想用结婚来报复前任；还可能是为了事业发展、为了得到房子……

假如你是因为以上原因而想结婚，就需要认真思考了，因为以上这些原因均是离开了婚姻的本质而产生的动机。这种动机会成为今后婚姻生活的隐患，成为婚姻危机的根源。

当问到人们为什么要结婚时，有些人脱口而出："我们好到了那份儿上，就想结婚了，没有什么想法。"其实这恰恰是走进结婚应有的初衷，是情感发展到了一定程度，恋爱双方有了进一步发展情感的欲望，从而决定进入婚姻。婚姻本身就是为了持续地发展情感、培养亲密关系，在此基础上，两个相恋的人愿意为双方的感情付出代价、时间和心思，共同建立幸福生活，在情感发展到一定阶段时，双方往往会产生要延续后代的激情，特别想延续这段美好爱恋日，这才是结婚的目的所在。所谓延续，就是在婚姻生活中相互珍惜，继续相互认识、彼此接纳，是双方不断成长的过程，只有这样的婚姻才有可能幸福和长久。

在婚姻危机的案例中，有相当一部分产生危机的原因都与当初的婚姻动机有关。比如，因为已经有了性关系；或对方已经为自己付出许多，觉得有责任结婚；或是奉子成婚……其实很多人在结婚前已经意识到两个人并不合适，是出于"责任"不得已而结婚。当两人已经感到有某种不适合而又勉强结婚时，在婚后生活中确实更容易出现矛盾，关系就会更加糟糕，直到实在无法维持而只好分离。这样的例子比比皆是。

有一个男孩自身条件比较优越，处在一群女孩的追求中，他不知该怎么应付，就想尽快找一个自己满意的姑娘早些结婚，也就可以"有理由"地拒绝其他追求者。在一次公司的集体活动中他与一个女孩一见钟情，两人很快相爱了。女孩放弃了她的前男友，欺骗了自己的父母，只身离开家乡来到男孩所在的城市，两人同居了。一年多后，女孩提出结婚，想给父母一个交代。男方虽然在交往中发现两人在价值观和个性上有许多不合适的地方而有些犹豫，但是想到女孩为他放弃了前男友、背着父母只身来到异地他乡，不与她结婚就对不起她，于是两人就结婚了。结婚半年后两人矛盾不断，尽管磨合了近两年的时间，最终还是以离婚结束了这段感情。那个女孩在离婚一年多后见到我时还耿耿于怀地说："我的同学中好几对儿的关系还没有我们俩的关系好，可他们都没离婚，怎么我们俩却离了？"可见她仍然没有从离婚的阴影中走出来，也没有从离婚中真正提高自己对婚姻的认知。其实，他们俩就是从一见钟情发展到盲目结婚（他们都没有正确回答"为什么结婚"的问题），婚前没有做好思想准备，对婚姻没有正确的认识，迁就于某些原因而相互结合，其结果当然也就不可能是和谐、美满、持久的。

还有一些30岁左右的男性议论：漂亮的女孩靠不住，还不如找一个丑点儿的、能和自己过日子的、能生孩子的媳妇儿，等到自己有钱了，再去找漂亮的女人做情人。甚至说："到那时各找各的情人，夫妻俩搭帮过日子也没什么。"听到这些，我的内心不禁生出一阵悲凉。很多年轻人，对情感生活的认识很混乱。我问他们结婚为了什么？他们竟然说是"为了生个孩子"。天呀，他们就不曾想想：孩子在这样的夫妻关系和家庭环境中能健康成长吗？我问他们：你不想真正地爱对方、关心对方，难道对方会给你真爱和关怀吗？凭什么她要给你一个安定的家庭，生一个孩子呢？他们无言以对。这种选择是以自我需求为中心的，他们对爱情的理解是肤浅的，也不理解人与人之间良好交往的"交换原则"。对于因此而选择婚姻道路的人，我真为他们将来的家庭而担心。我要奉劝这些年轻人：当你真正爱一个女人时再结婚，否则就宁可为了自己的自由保持独身，不要为了自己的私欲去伤害真正爱你的女人。

2. 评估双方的爱是否成熟

准备结婚的双方应该评估自己对对方的爱是否已经成熟，其中应包括双方的爱是否专一，是否愿意无条件地为对方付出，能否经常为对方着想，满足对方的需要，在婚后是否仍然愿意花时间来培育你们的爱情，并愿意承担家庭、自己、配偶现在及将来的责任。

如果内心还没有树立起这样的责任感就不能随便进入婚姻，否则这个婚姻就会成为双方的负担，最终走向危机。

成熟的爱还包括：是否能够在欣赏对方优点的同时接纳对方的缺点，并且不要求对方在习惯和个性上有所改变，即使对方的缺点带来了负面影响并难以改变时，也仍然会学习接纳；乐意与对方一起努力成为合格的爸妈；下决心为维护彼此之间美好关系而努力，即使配偶不能完全让自己满意，仍要对对方忠实并做出必要的牺牲。假如恋爱的双方对以上问题的回答都是肯定的，就能够基本确认双方都具有了忠实、坚定和自我牺牲的婚姻品格，这样的配偶关系才更容易使婚姻不可动摇，才是维持长久的婚姻关系的基础。

上面提到的无条件付出、花时间培育爱情、接纳对方的缺点这几个问题，看似简单，但在生活中却往往为人们所忽略。比如，夫妻之间往往认为对方做到了，我也一定会做，甚至比他做得还好。这种观念就是建立在有条件的爱的基础上的。再比如，一方工作忙时另一方会主动关心照顾对方，而一旦一方失去工作，另一方可能就不再关心照顾对方了。这也是有条件的付出，因为关心配偶不是因为他忙或不忙，而是因为对方是我所爱的那个人。再比如，自己工作一忙，就把全部精力和思想都投入工作中了，内心也很坦然，以为"我这也完全是为家庭奉献"。此时另一半虽然能够理解你，但内心总会感觉到一种缺失。花时间培育感情，不仅在恋爱时需要，结婚后更是需要，千万不要忽略。

当配偶因自身的原因给家庭带来负面影响，使你脸面无光时，肯定会让你感到不快甚或愤怒不已。如果你在这时还能接纳对方，就是真爱的体现。举一个不太恰当的例子，当你的孩子在外面捅了娄子时，你虽然愤怒，会批评他，但是你仍然会爱他，安慰他，担心他是否因挫折而受伤。这就是真爱的表现。在孩子身上人们自然会做到，因为人们会认为他还是个孩子，而在夫妻间就难以做到，认为配偶是大人，就不应该这样。

其实不管是孩子还是大人，他们都是你的亲人，因为爱他们，我们就要接纳他们，哪怕他们捅了娄子（当然，还需要看这个娄子是什么性质的了。伤天害理、人命关天的事我们绝不能包庇）。这问题似乎很简单，回答起来却并不容易，需要人们在婚前认真思量，牢记于心。知道什么是真正地爱一个人时，我们才能享受爱情的神圣。

一个妻子在排队买东西的时候，一个骗子对她说她的丈夫最近有难，必须用一些方法化解。这位妻子真的相信了他的谎言，心里很害怕，便问那人如何避免灾难，那个人说需要她诚心诚意地把自己家的钱都拿出来，才能"消财免灾"。于是她真的把家里的几乎所有积蓄都交给了那个骗子，等到第二天她才醒过劲来，意识到自己上了当，急得生了一场病。当丈夫知道事情的真相后，虽然也心疼自己辛苦积攒的钱，但是看着生病的妻子，他没有责怪，只是提醒她今后要小心，不要再上当。这个丈夫对妻子更多的是关心和安慰，让妻子尽快从愧疚中走出来。钱失去了，也许他们却更加相爱了。

3. 评估双方是否已经真正独立

这里讲的真正的独立，不仅是在经济上不再依赖父母，同时也是在感情上不再依赖父母，不让父母的态度和言行干预自己的感情生活，不会因为双方父母的原因发生矛盾。结婚的双方必须清楚地知道，配偶将成为自己生命中的第一优先，从结婚那一刻起，夫妻双方首先要对自己的配偶负责，然后才是对其他家庭成员负责。男女结婚就像精卵结合一样，成为一个完整的社会细胞。夫妻双方能相亲相爱、相互尊重、相互包容，这个家庭才能够健康发展，夫妻双方才能有力量去爱护自己的亲人，给家庭其他成员安全舒适的生活和良好的环境。因此，打算走进婚姻的两个人首先需要学会离开各自的父母独立生活，与父母建立起健康独立的成年人之间的关系。记住，自己已经是一个成年人，一个有独立思考能力的人，成年人有权自主解决问题，一味地听从和依赖父母是没有长大的孩子（巨婴）的表现。夫妻要能够不依赖于自己的父母独立做出决定，自己解决问题。现今的一些年轻人，可能由于生活条件的优越和父母管得过多，心理成熟较晚，虽然从年龄和外表上看已经是成年人了，但其心理的发展尤其是与亲密关系人的相处的心理状态，往往还很不成熟。

在一些独生子女家庭中，父母有意识或无意识地不愿意或不舍得对孩子放手，使孩子变得没有主见，一旦在社会上遇到困难、冲突、矛盾，就会向父母讨要办法。这已经成为他们的习惯，即使结婚了，仍然凡事请教父母，结果在家庭中就出现了小夫妻在各自父母的主宰下变成了两派，使婚姻出现最糟糕的局面——婚姻内的斗争。这种斗争会一点点将情感磨灭，最后两人只好以离婚告终。

一位女士与我讨论她的婚姻该怎么办。她的丈夫是自己的同事，在工作接触中，两个人逐渐了解并产生了感情，谈了两年恋爱后，结婚了。婚后难免有些矛盾，最近矛盾激化，双方父母都介入了，她不知道自己该怎样对待这个婚姻。我问她，你想离婚吗？她说："我没想过，但是我父母认为他的父母太差，教不出好儿子来，还不如离婚。"虽然这位女士并没有感到与丈夫的感情已经到了离婚的地步，但是由于双方父母的介入，让她无法客观地评价自己的婚姻，无法正确体验自己的情感。在父母的参与下，这个婚姻最终走向失败。现在社会上还流行一个"妈宝男"的称谓，指的就是生理上已经是成年人，也能够正常工作生活，唯独就是不会与配偶建立亲密关系，总是脱离不了对爸爸妈妈的依赖，凡事要听爸妈的意见来决定。就像前面这个案例，严重到连情感这样取决于自我感受的问题都没有自己的主见要听父母的。

4. 评估双方对婚姻的期望是否现实

婚前男女双方应该评估自己对婚姻的期望是否现实，不现实的期望就是不可能实现的期望，在不可能实现的期望中进入婚姻，就容易在婚后感到失望进而引起一系列的冲突和矛盾。

对于婚姻当然应该抱有期望，而且那些期望都应该是美好的。只是当期望值过高或者不切实际才会造成问题。在现实生活中，有一部分不成功或者不美满的婚姻与婚前男女双方所抱有的不切实际的期望有关。比如：认为对方一定会弥补自己的不足；认为结婚就能消除自己的孤单寂寞；认为结婚后两个人就会不分彼此，增加经济实力，或者能够共同应对其他的各种压力；相信结婚后自己就一定能改变对方或者改变自己；期望用结婚生子来抵御其他的性诱惑；期望对方永远保持着美丽或帅气；认为婚后一定会生个儿子或者女儿；等等。

假如在评估中，你具有以上想法中的三个或以上，就标示着你的婚姻心理还未成熟，需要进一步去认识婚姻的意义，然后再准备结婚，否则当你进入婚姻以后就很容易会得出"婚姻是爱情的坟墓"这样的结论。除了评估自己对婚姻的期望是否现实外，男女双方还要了解对方对婚姻以及对自己的期望是什么，双方是否能够接纳这些期望。比如，男方希望结婚后妻子能够承担起家务，做个贤妻良母，而妻子希望自己在事业上还要更进一步，所以家务应由两个人承担。假如婚前不讨论这个问题并取得共识，它一定会成为婚后冲突的诱因。因此，这一步的评估是十分重要的，需要两个人有充分的讨论，否则当期望变成失望时，婚后矛盾就会迭起。

婚前做好评估十分重要。当评估的结果是正向的，那么就说明双方的爱情的确已经发展到可以结婚的程度了，而如果评估的结果大都是负向的，那么就说明恋爱双方还需要等一等再结婚。

二、做好婚前准备

经过评估，确定双方已经可以结婚时，就需要开始进行结婚前的准备。对于结婚前的准备，人们一般都会把心思放在物质的准备上,比如:花多少钱,在什么地方拍婚纱照,新房应该如何布置,酒席在哪里办,请什么人参加婚礼,良辰吉日是哪天,新婚仪式如何操办,等等。婚前需要准备的事情真是太多了,让人无法再分心考虑什么。但是为了避免或减少婚后生活的矛盾冲突,在婚前一定要做好婚姻生活的准备。

1. 做一下婚姻生活的思想梳理

"进了城"的人就不再是一个人过"城外"的自由日子了,一方面会失去一些过去单身生活中的自由、权利和优越性,另一方面也必然要承担更多的责任和义务。那么婚姻生活会给自己带来哪些责任,结婚后自己会失去哪些自由、权利和优越性呢?你愿意为婚姻放弃自己的这些自由、权利和优越性而承担更多的责任和义务吗?除此,还需要思考结婚后自己需要适应什么,改变什么等问题。这些思考有了答案,进入婚姻时就不会发蒙,就不会觉得委屈和后悔,就不会把婚姻中必然经历的现实当成坏事,就会较理性地面对和处理婚后出现的矛盾。

婚姻确实会给双方带来更丰富的情感体验和更多的个人成长机会,但是结婚是人生的重大转折,人们将从一个自由的单身变成与另一个人朝夕相处、协调行动的人。从为人子,为人女,一夜间为人夫,为人妻,为人婿,以后还将为人父,为人母。社会角色的转换是需要婚姻中的人不断去适应,适应的过程就是一个人不断完善、不断成长的过程。这是你希望得到的并愿意尝试的吗?

2. 经济准备也很重要

虽然准备"进城"的人重要的是要做好思想方面的准备，但是经济上的准备也是需要做的，而且很重要。应该计算一下双方的经济力量如何？合二为一之后又如何？是否已能够完全自给自足？万一有一方失业了，另一方的经济能力是否还能维持一年半载的生活而不需要依靠父母？婚姻是社会的组成部分，家族是独立的经济体，它必须具备经济独立这个基础。经济不独立的婚姻就无法谈及对婚姻负责。

在家庭纠纷的案例中就曾经有这样一件事：父母帮助儿子买了房子，在房子的使用和装修上儿媳和婆婆发生了很大的矛盾，还因此上了某电视节目。矛盾的关键是父母认为："我们花钱买了房子，我们就有权决定房子如何装修，留一间房我们住也是理所当然。"而儿媳认为："这房子主要是我们使用，我们在这里生活和接待自己的朋友同学，当然应该按我们的喜好来装修。父母不经常来这里住，留一间房是浪费面积。"——各说各的理。

其实这其中的最大问题就是经济的主宰作用。也就是前面说的，经济不独立就无法负起责任。经济问题在婚姻中是继情感之后另一个极敏感的问题，这往往是引起婚姻不和谐的重要因素之一。比如双方孝顺父母谁多谁少，由谁交给老人，老人有了特殊需要，如何处理等。自己小家庭的财务问题也需要夫妻二人形成共识才行，否则就可能成为未来冲突的焦点。

结婚的双方来自不同的家庭，而各自的家庭在经济管理方式上都会有不同，夫妻双方会比较习惯和认同自己原来的家庭经济管理方式，更何况两人还可能有着不同的价值观。比如，生活在夫妻共同管理财物的家庭中的孩子一般会认为财物的统一安排使用是夫妻二人关系融洽、相互信任的体现，会把家庭经济管理方式与夫妻情感联系在一起。而夫妻各自管理自己的钱财，或共同消费时商量解决，或有规定好的共同开支项目，也是一种家庭经济管理模式。在这样的家庭中成长起来的孩子，不会认为钱分开使用就是相互不信任、感情不好，而认为情是情、钱是钱。当生长在这样两个家庭中的孩子结婚后，经济管理方式就会成为他们之间发生矛盾冲突的诱因之一。因此，准备"进城"的两个人最好是在"进城"前就对"进城"后怎么花钱的问题商量出个一致的意见，以避免"进城"后因此而产生矛盾。

3. 婚后性生活的准备

很多人认为结婚后性生活是一件极其自然的事情，但是如果对此没有准备同样会引起苦恼，甚至会升级为婚姻危机的导火线。

很多人对性的态度是只做不说，而没有对性体验的交流，就会大大地影响夫妻性生活的质量。在婚前，双方应该交流一下性在婚姻生活中具有什么作用，看看两人的观点是否一致。另外双方可以讨论一下谁可以提出性要求，以及这个想法是否一致。比如，女方可能羞于表达自己的性要求，而男方可能恰恰希望女方表达性的需求，让自己更有激情。假如缺乏沟通，女方压抑了自己，还错过了激发丈夫情感的机会，这不是人生的遗憾吗？

在性生活的准备中，除了双方沟通，还需要自己思考一下：当想到性生活，你的心情会怎样？你觉得与配偶讨论性生活问题困难吗？若性生活不理想或不协调你会有什么感受？这些思考是为了排除自己在性生活中可能会出现的障碍。比如，你与配偶讨论性生活觉得困难，或一想到性生活就感到恐惧，甚至恶心，就说明在你内心的深处有问题需要解决，问题解决了才能与配偶拥有理想的性生活。

曾有一位女士，她的丈夫虽然非常爱她，但是却在外面不断地发生婚外性行为。经过交谈才得知，这位女士因儿时的一些经历和严格的家教，使她认为"性是极其肮脏的""性行为是下流的"。可想而知，在这样的认知下，她与丈夫一定不会有和谐的性生活，她的丈夫也会为此痛苦。

这位女士确实需要花一段时间，在心理咨询师的帮助下改变观念，才能找回享受性爱的能力。假如能在结婚前解决这个问题，两个人的性生活有可能就会和谐，也许就可以避免因婚外性行为造成的对彼此的伤害，避免对夫妻感情的影响。过性生活虽然是人的本能，但是它带给人的亲密感受是不可替代的。这使其在婚姻生活中扮演了重要的角色。因此准备结婚的两个人需要在婚前统一对性生活的看法和态度，并解决自己心理上的障碍，才能使性生活成为婚姻和情感的润滑剂，激发婚姻中的浪漫与激情。

4. 家庭生活其他方面的准备

家庭生活的其他方面准备也不是小事情，包括生育计划、家务安排、个人时间安排等。

家务安排、个人时间安排看起来似乎都是小事情，但往往是夫妻矛盾冲突的起因。有了共同的理念和比较合理的安排就能避过许多冲突，当然其中的许多内容需要随着婚姻处于不同时期的特点进行必要适当的调整。事先的讨论和安排总比发生冲突后再弥补要明智得多，同时也会减少许多无形的相互伤害。

做好生育计划也是极为重要的。双方工作目标的实现、家庭收入的积累、心理的准备等诸多因素都应考虑周全。有了这些计划和安排，才会减少因孩子出生后家庭生活发生巨大改变而对婚姻造成的冲击，也才能让夫妻双方能够更多地体会到孩子给家庭带来的幸福与快乐。

在婚姻生活中，应有意识地安排相对固定的相处时间，保证夫妻情感生活的需求，不断给婚姻生活带来新意和活力。若没有安排两人相处的时间，只是按照家庭生活的惯性，每天起床、上班、回家、吃饭、睡觉……如此循环往复，琐碎的、平淡的日常生活替代了情感的交流，也就可能一点点磨灭双方的情感和活力，就会把婚姻生活变成鸡肋——"食之无味，弃之可惜"。另外，还需要两个人给自己安排出独立的空间，如与自己朋友相聚的时间等。这些问题在婚前有了共识，就可以避免因这些问题引起的矛盾和冲突。

最后，婚后如何与各自的家人交往也要有思想准备，也是需要双方讨论，统一意见的。比如，是否与父母同住，如果不与父母同住，那么平时如何保持与父母的情感联系；如何安排与两家父母相聚的时间；如何照顾和赡养双方的老人；遇到传统节日如春节怎么安排团聚时间等，都需要预先取得比较一致的意见才好，否则事到临头也许会产生矛盾，婚内斗争就有可能由此产生。

另外，当姻亲双方意见不合时，夫妻应如何对待处理，又是一个需要讨论并统一意见的问题。这个问题的答案，每个家庭都不一样，因为每个家庭的氛围以及家庭中每个成员之间的关系不同，因此解决这样的矛盾冲突需要因家而异、因人而异。

第二章

婚姻各阶段的特点

婚姻的不同阶段有着不同的特点，每个阶段都有特定的课题需要夫妻双方去研究和认知，并对各阶段可能出现的问题进行防范并商讨解决方案。当夫妻双方了解了婚姻各个阶段的特点后，就能有思想准备地进入婚姻的各个阶段，能够理智地面对婚姻中的每个课题，主动避免危机的产生，游刃有余地解决婚姻中的种种矛盾，使自己的婚姻美满，家庭生活和谐幸福。

一、初婚的困惑

1. 适应初婚

在恋爱阶段，恋爱的双方一般都有一种心态——希望对方能够接纳自己，不希望因为自己的一些不足或过失，而失去对方。因此恋爱中的人都会像孔雀开屏一样向自己爱恋的对象展示自己的优秀。恋爱中的人也会自觉或不自觉地将自己的缺点、毛病都"隐藏"起来，以获得对方的欢心，在两个人发生矛盾冲突时也会尽量克制和忍让。而在结婚后，人会感到自己的归属已定，精神放松下来，于是就不那么介意自己在对方面前的表现了，一些习惯行为和个性特点自然就显现出来了。这些心理活动和表现大部分都不是有意所为，而是在潜意识的支配下表现出来的。

我有位老师人品很好，但是他自己说他的脾气很不好。他说，在谈恋爱时不知为什么自己的脾气突然变得很好，对女朋友特别有耐心，特别温柔，每次有了矛盾他总是让着对方。但结婚后，不知为什么脾气越来越不好。其实他一直特别爱自己的妻子，但坏脾气就是改不了。因此他和妻子都非常痛苦。他们非常相爱，但妻子又实在忍受不了他暴躁的脾气。他是以自己的经历在警示我们，不要被恋爱时的伪装所蒙蔽。其实婚姻双方的表现多少都会有这样的倾向，因为这是人类求偶时本能的表现，来源于人们的潜意识，并非有意欺骗对方。

另外，结婚后人们在审视对方时，内心的感受也会发生很大的变化。在恋爱期"情人眼里出西施"的心理效应影响下，恋爱中的人会出现认知的偏差，会将恋人的一切表现都归结为"可爱的"，甚至这个人的缺点都会成为魅力。比如，在谈恋爱时女方撒娇、耍点儿小脾气，男方会觉得很可爱。而结婚后，激情归于平静后，男方就感到女方撒娇、耍脾气成了他的负担，甚至会感到对方这样的表现是对自己的不尊重或造成了两人的不平等，觉得女方不再可爱了。

　　有这样一对恋人，女方活泼开朗，男方内向寡言。谈恋爱时，男方觉得女方太可爱了，他就喜欢这样活泼、有个性的女人。女方也感到这男人稳重踏实可靠，觉得自己是最幸福的人。恋爱一年后两人结婚了，他们依然这样相处着。结婚两年多后，这个男人突然向女人提出离婚，离婚的理由是他找到了一个能够爱他的温柔女人。妻子痛苦万分，她觉得自己一直爱着的丈夫，怎么会认为另一个女人才是爱他的呢？她不知道如何才能挽回给她幸福的甜蜜婚姻，痛哭流涕地找到心理咨询师，希望挽回自己的婚姻。

　　其实这个婚姻确实有许多问题，其中夫妻间缺乏沟通、个性差异过大是主要问题，在恋爱时感觉的偏差也是造成婚姻悲剧的重要因素。结婚后，恋爱的人慢慢从光环效应中清醒过来，才开始发现对方的不足和缺陷。放松和清醒使初婚的男女如梦初醒，自己的感觉和认知回归正常，感到对方成为另外一个样子。心理学理论还证实人的认知与情绪有关，人在心情好的时候，会将自己感受到的东西都联想成美好的，而且越想越美好；而当一个人心情不好时会把一切都与不愉快、恶劣联系起来。恋爱给人带来的美好心境，使得恋爱中的人感觉一切都是美好和幸福，而忽略了对方是否适合自己。两人结婚后，琐碎而平凡的生活扑面而来，双方都会发现对方的不足之处，以及生活习惯的不同。而负性情绪，可能还会加强事实给人的不良感受，使人无意中夸大自己所看到的事实。双方的感觉是突然的"惊醒",有一种对方"怎么变成另外一个人"的异常感受。

一般来说,人们在结婚前很少认真考虑婚姻生活是怎么回事,在婚姻里自己会承担什么责任和义务,是在思想准备很不充分的情况下进入婚姻的。而婚姻带来的社会角色的转变必定会给人们造成不少的困惑,尤其在触犯了自己利益的时候。这些困扰会使人痛苦甚至愤怒。比如,结婚后,很多事情需要双方商量决定,不再像单身时那样一切自己说了算;业余时间也成了双方共有的了,所以假如一方自己去会朋友而没有和对方商量就会使对方产生不快;夫妻相处时需要考虑对方的感受,而不能肆无忌惮。这些都是结婚后双方应该注意的。

假如夫妻双方没有这些思想准备,自然会感到不适应。这就是需要适应的新生活与原有生活的格局和习惯产生了冲突,因没有准备而无所适从,造成了内心的烦恼或痛苦。当人们明白这是人在婚姻阶段必须要学习并做出改变的方面时,就会在爱的感召下逐渐放弃自己单身生活时的一些权利,担负起婚姻责任,适应新生活。

在结婚之前,人们对婚姻都会有不同的期待,当对婚姻的理解不正确或婚姻观不成熟时,对婚姻的期待就可能会不切实际。这样的人在结婚后会格外关注自己的需求,期待从对方那里得到更多,盼望着自己的期待得以实现。当自己不切实际的期待得不到实现时,就会感到特别的失落,并将这种情绪转嫁给对方，造成相互不满。

从性别特点来说，男女对结婚的感受也会有所不同。很多男性往往会认为"结了婚"人生一件重大的事情就已经完成了，感到轻松，认为该把精力转向事业，努力工作、挣钱养家，又可以回到以前的生活了。可是当因交友、回家时间晚等遭到询问、限制时就会耿耿于怀。而女人们一般都期望婚姻会给自己带来更多的浪漫，假如婚姻生活仅限于家庭生活琐事再加上丈夫陪伴她的时间比恋爱时少了许多，她们会认为丈夫只是为娶她，并不是真心爱她，心里会感到极不平衡。男人看重实际，女人看重浪漫，这是婚姻中的一对矛盾。这就需要夫妻协调，相互理解，一方面要满足彼此的需求，一方面也要给各自留出一定的空间。

结婚绝不只是一件事情，它是人生一个必经的生命过程。婚姻也不仅有浪漫，而是一个需要夫妻双方不断相互认识并彼此接纳的过程，是双方在婚姻生活中相互珍惜、付出感情、时间和心思，不断成长的过程。以我为中心的人生观是不可能有美好婚姻的。

如何应对初婚适应期的困惑，是婚后生活的重要环节。如果在你看这本书时还未结婚，就请你先按婚前准备的内容做好婚前的各项准备，务必认真。准备好了再进入婚姻生活，就会减少许多初婚的不适应。假如你已经进入了婚姻，那么就把初婚作为在婚姻中成长的第一步吧。在这第一步里，首先要学会放下自我，去满足自己配偶的需求，满足的方式一定要是积极的、有利于你们情感发展的。当然这点需要婚姻中的双方都努力做到才行。同时要珍惜两人的情感经历，学习理解和接纳自己所爱的人。

以下是一些能够促进两人情感发展的方法，供大家参考采纳。

- 安排两人的定期约会时间，延续恋爱时的浪漫，多些不同于家庭日常生活的相约和相聚。
- 适当安排自己的独处时间，给对方一定的个人空间，这样有利于对婚后生活的适应。
- 夫妻要保持良好沟通，找机会谈谈两人之间不开心的事或自己感到困惑的事，避免积怨日深，最后成为难以处理的问题。沟通的目的是促进相互了解，而不要期盼对方一定改变。
- 常说些相互肯定的话，找机会赞赏对方，比如：当对方穿上新衣服时你就要多看一会儿，多去欣赏；当对方为你服务，即使是举手之劳，你也要说声"谢谢"，或用拥抱来表达你的感激；等等。赞美一定要及时、真诚。
- 对自己犯的小错也要道歉，即使是无心之过也要向对方赔个不是，要真心诚意地说"对不起、原谅我"。这些话多说有益无损，这样做会使爱情保持温度。
- 要增添性生活的情趣，交流性生活的感受。在婚姻中美好的性生活会增加爱的浓度，但若只把性生活当成完成任务或只是为满足对方的需求,性生活就会成为夫妻交往的负担,成为影响夫妻感情的因素,还会成为性冷淡的诱因。

● 借结婚纪念日、对方生日、情人节等机会送小礼物给对方,并写上心意卡,传达相互间的浓浓爱意,继续爱情的浪漫。

2. 建立夫妻二人的亲密关系

初婚是学习建立亲密关系的最重要的时期。很多人认为两人都住到一起了,还需要谈什么亲密关系吗?确实性生活是一种亲密接触的形式,它会给当事人一种亲密无间、被接纳的感受,但是这仅仅是身体的亲密接触,不能说明两个人已经在心灵上建立起了亲密关系。

婚姻和家庭中的亲密关系指的是一种亲密的情感关系,是心灵的亲密接触。在这样的关系中家庭的每个成员都能够坦然地显露真实的自我、真实的想法和真实的感觉,而不会被讥笑或被拒绝,在这种关系里不需要用好的行为来讨得对方的爱和接纳。健康良好的性生活确实可以促进亲密关系的建立和发展,但仅有性生活的支持是远远不够的。从实质上讲,夫妻间的亲密关系就是建立在无条件的爱与接纳之上的。真正的亲密带来的是夫妻间的坦白和诚实。亲密的婚姻关系,可以使双方的情感需求得到满足,防止出现不忠。

想建立起亲密的婚姻关系,双方都必须了解并尊重彼此的不同,并真诚努力地满足对方的需求。

人们常形容良好的夫妻关系是"相敬如宾",我却有不同的看法。相敬如宾只体现了两个人相互的尊重，却缺乏亲密。我更喜欢用"相濡以沫"这个词来体现亲密关系。这种亲密的本身同样包含有尊重，并且含有彼此之间深层的了解和默契。

在我的咨询对象中有位温柔贤淑的女士，她平静而优雅，与她接触让人感到很舒服，但是她却有着不幸的婚姻。在谈话中，她提到母亲也曾经告诫她说夫妻之间要"相敬如宾"，所以她对自己要求很高，对丈夫总是非常尊重，但是却很难找到亲密的感觉。她讲述了丈夫有外遇后，自己从没有因此让丈夫难堪，总是平心静气地与丈夫对话，但是却没能找回她的幸福。我感觉她的问题是对婚姻过于理性。尊重并不影响亲密，尊重是要求自己在表达自己需求和感受时或解决矛盾时的语言、行为不要伤害对方，对对方保持信任和坦诚。信任、坦诚、不伤害，也是亲密关系建立的基础。但是，这种尊重应该是在亲密基础上的尊重，而不应在尊重的氛围中拉远了彼此的距离，相互以"宾客"相待。

要想建立起真正的亲密关系，首先需要克服自己内心的障碍。自我评价低的人，会认为自己不会被他人爱或自己不值得被他人爱，因此常常不将真实的自己表现出来，而总是要用一些特别的"好的行为"来获得爱，或以发生性关系来获得被爱、被接纳的感觉。另外还有一些人认为自己无法无条件地爱别人，也就是无法无条件地接纳他人。当一个人爱上另一个人时，开始都是根据这个人的行为和表现来判断的，若仅仅停留在这一步，就是有条件的爱。建立亲密关系是使人们从这种有条件的爱转变成无条件的爱，而不是因为一个人做了些什么或表现得如何。从有条件的爱上一个人转变为无条件的爱，这就是人们初婚期间的成长任务，也是建立牢固婚姻关系的基础。当这样的亲密关系建立起来后，人们的婚姻基础才会坚实可靠，夫妻双方才能实现结婚时的承诺：在人生的道路上无论有多少坎坷、艰险和风雨，都能相携而行。

建立夫妻亲密关系需要夫妻双方相互尊重、相互理解，一方坦诚表达，另一方无条件接纳。坦诚表达使对方了解真实的你，无条件接纳可以促进对方的进一步表达，由此形成的沟通习惯可以促进亲密关系的形成。只有在这样的氛围中，婚姻生活才能幸福美满。

另外，要建立亲密关系，首先两人的关系一定是平等的，没有平等就不可能达到真正的亲密。我见过许多夫妻因关系不平等而造成婚姻的一系列问题的案例。其中多数是因双方父母在社会地位或经济情况上的悬殊而造成的。其中，强的一方总把自己的地位放在配偶之上，而弱的一方则多是把自己的地位放在配偶之下。这两种情况，都属于夫妻不平等表现。

有一对夫妻，妻子埋怨丈夫太小气，在亲戚面前总是不能给自己挣面子，说他"唯唯诺诺的很没出息的样子"。从她说话的口气我就听出了她带有的强势。后来了解到，她的父亲是当地的官员，而其丈夫只是个普通人。夫妻二人在家庭生活中，丈夫就是唯唯诺诺的，这已经成为他的行为习惯。丈夫"不争气"的表现就来自双方的不平等。

我还认识一些男士，他们娶了漂亮的妻子，在外面很有面子，可是回家后又嫌弃妻子的社会地位低微，表现出不尊重对方，以贬低性语言伤害对方。这样的人根本谈不上爱情，他只是利用对方来满足自己的私欲而已，他们的婚姻关系注定不会亲密。

原生家庭对亲密关系的建立也有着不可忽视的影响。每个人对婚姻的概念不同，因此夫妻对自己婚姻的评价也常会截然不同。每个人的原生家庭各有不同，长大后他们就会按照自己从小形成的对家庭的理解去对待自己新建立的家庭。

如果你想与你的恋人或配偶有机会谈谈各自对婚姻的理解，你们可以讨论："假如我们到了中年，婚姻和家庭达到什么状况就可以了？"（注意：这里只说是"就可以了"，而不是文学或影视中的理想婚姻。）你们会从各自的答案中发现，两人对婚姻和家庭的描绘与其原生家庭是何等相似。当然也有可能会出现与自己家庭状况完全相反的描绘，这就可能表示一个人对自己原生家庭不满。夫妻双方在对婚姻的理解上要取得共识，才能一起向着这个目标去努力，才能在一些矛盾中获得对方的谅解和接纳。

有个男孩到北京来读大学，周末住在北京的亲戚家。一年后我无意中问他到北京的感受，他说最大的收获是知道了家庭生活应该是什么样的。他说,在他自己家,每个人回家后都不怎么说话,爸爸妈妈做了饭,大家坐下来吃,吃完后就各回各的房间,干自己的事。我问,那你们都干什么,他说他只知道自己是看书,妹妹做什么他不知道。我问,你父母不在一起看电视、说话?他说家里有两个电视,他们各看各的,也不怎么说话。在他的心目中家就是吃饭、睡觉、干自己的事的地方。在北京他看到亲戚家总是热热闹闹,有说有笑,还常常交谈、讨论,相互提一些意见和建议,当然有时也会有争执,但总的来说气氛是和谐的。他有感而发:"我才知道原来家应该是这样的。"

我讲这个例子就是想说明,人因家庭环境不同,对家庭的理解就会有差异,甚至可能截然不同。尤其是对婚姻关系的认识,更多是来自对生长家庭的影响。因此当两个完全不同的个体开始亲密交往时,彼此不同的习惯、信念、权利、得失等必然会引起两人的冲突。另外,人的行为也是在成长中从他人那里习得的。子女与父母接触得最多,所以父母的言行对子女的影响也最大,尤其在亲密交往中的行为更是如此,有许多人甚至会将父母的冲突、焦虑,无意识地带到自己的婚姻中来,成为自己婚姻中新的冲突、焦虑。当处理亲密关系时,人的这些潜在的意识以及习得的行为就会自然而然流露出来。当双方发生冲突时,第一反应往往就是潜意识的反应。比如有的家庭,父母经常闹矛盾,只要一句话不对就开始谩骂、打架。生活在这种家庭中的孩子内心充满恐惧，慢慢便会得出"不说话家里就会安静许多"的结论，长此以往就形成了这个孩子的潜意识。这样的孩子长大结婚后，不希望自己和配偶像父母那样，因此就无意识地以不说话、少说话来处理双方的矛盾，结果使得双方无法实现心灵的亲密。再比如面对家庭冲突，如果父母就是以暴力或冷漠来解决，那么儿女也会以这样的方式去解决自己家庭的冲突；如果父母是以回避或逃避的方式来处理冲突，那么儿女也会以逃避或回避的方式来对待自己婚姻中的冲突。夫妻如果发觉自己有这样的行为时，就需要有意识地改变这种不利于婚姻发展的暴力、冷漠或回避的行为模式。在建立亲密关系的过程中，夫妻双方要学习有效的沟通方法去适应和包容对方，用爱促进自己的改变。只有这样，新建立起来的夫妻关系才会有真正的亲密。

夫妻还要审视自己，看自己是否已经完全脱离原来的家庭，是否还像一个没有长大的孩子一样有问题还要找父母解决。人们往往以为只有自己的父母才是最爱自己的，绝对不会伤害自己。其实在建立亲密关系的过程中，父母包办代替式的"爱"，恰恰是危害自己儿女幸福的不当行为。父母介入了儿女的婚姻关系，儿女就无法搞清自己在婚姻中的真实感受，就无法真正处理好他们自己婚姻的问题。这样的父母必定会成为自己孩子在新婚后建立亲密关系的障碍，同时也会剥夺儿女个人成长的机会。

3.学会与新亲属相处

在初婚阶段还有一个重要的问题需要适应——与新的亲属相处，建立好家庭人际关系。这就需要注意下面几个问题。

（1）不要有不切实际的期望。

对婚姻的美好期望和与恋人相爱的甜美，会使人们很容易产生不切实际的期望。婆婆希望儿媳妇像自己的亲女儿一样；新媳妇希望婆婆像亲妈一样。希望落空，就会特别失落，进而引起不满，甚至气愤，并因此影响到夫妻关系。互为挚亲是人们的良好愿望，但事实是，一个成人进入新的环境时首先需要的是了解和适应。家庭是有着情感交错的复杂的人际环境。一个新建立的家族中，家庭成员需要相互建立联系，并处理好这些交错的情感关系，建立起良好的成年关系。如果家人能进行真诚良好的沟通，也可能会发展成挚亲的关系但也不要强求。一般来说，只要大家能形成相互尊重、相互关心的成人关系就非常好了，不必苛求挚亲。

（2）相互尊重。

与人交往，尊重是第一位的。无论你我是谁，都是生活在社会中的人，在人格上都是平等的，都需要尊重。有了这个起码的基准，人际交往就不会有大的问题。尊重也是家庭人际交往中最基本的准则，更何况对方是自己所爱的人的父母和亲戚呢。其实人们静下心来想想就会明白，一个人对父母的爱和对配偶的爱是不同的，这两种爱是可以同时存在的也是都应该有的。一个不爱父母的人，他能真心地爱自己的妻子吗？只爱妻子不爱父母的人，本质上是只爱自己。因此结婚后不仅要尊重、孝敬配偶的父母，感激他们给自己养育了这样一个让自己爱恋的人，同时还要支持和理解配偶对父母的孝敬。孝敬是我国的优良传统，尊重和被尊重是人类精神的需求，这两点在人际交往中都是非常重要的。但是孝敬和尊重并不等于唯命是听，在生活中需要把握好尺度与界线。

（3）理解万岁。

父母含辛茹苦地养育了子女，和子女朝夕相处了二十几年。子女婚配，父母在高兴的背后往往隐藏着"分离焦虑"。尤其是单亲家庭的母亲，她们在潜意识里容易产生一种"又被离弃"的隐痛、焦虑与恐惧。因此，应该给父母更多的理解。结婚后子女要用自己的行动让父母继续感受到儿女对他们的爱、亲近与体贴，让父母感到自己一生的辛劳是有价值的，以此来帮助父母化解内心潜在的焦虑。其实，绝大多数父母对子女仅仅就是这一点点需求，他们不会向儿女讨债，也不会把持着儿女不让儿女拥有自己的幸福。

（4）策略处理家庭矛盾。

当与配偶的亲属发生矛盾时，首先需要夫妻有一致的观点，需要出面解决时要遵循"谁的父母由谁去沟通"的原则。当然这里还需要爱心和智慧，才能达到相互理解。切记就事论事，不要给对方的亲属人格评价，否则不仅解决不了问题，还会造成夫妻间的新矛盾。任何一个人都不愿意听到配偶对自己原生家庭成员的负面评价，即使自己内心也认同这个评价，但是就是不愿意接受该评价是出自对方之口。矛盾解决后也不要记仇，当新矛盾发生时不要给对方扣帽子，不要翻老账，仍应就事论事解决问题。与对方家庭和谐相处，也是新婚期一个需要面对的问题，是提高自己理解、包容、处理亲密关系中的冲突的一种能力检验，也是提升自己爱心和智慧的机会。有个因家庭纠纷来咨询的女士跟我讲述了她家的故事：她公公生病住院，她爱人一直在医院照顾。她的大姑姐极少去医院，也从不值夜班，可却要与他们平分家里的财产。她心里很不服气。但是她爱人认为这没什么。连她小叔子都认为没什么，她真的不知道该怎么办了。其实她丈夫的原生家庭格局已经让其家庭的所有成员都习以为常，虽然外人看有些不合理，但是他们家庭成员却全都认可。这就要尊重他们原有的模式。妻子可以将自己的观点告诉丈夫，与丈夫讨论，争取达到认识统一，假如不能统一，就要尊重丈夫的意见，因为这毕竟是他们那个家庭的事情。

二、添丁的喜悦

爱到深处，便希望融为一体。"孩子是爱情的结晶"就是基于这种深情而产生。但是在婚姻中的人一定要意识到，孩子的到来也是婚姻中一个重要事件，它将改变婚姻的结构，需要结婚的双方重新适应新的角色，在享受添丁喜悦的同时还要有意识地注意满足对方的需求，使婚姻健康地发展，真正获得爱情的结晶给婚姻家庭带来的喜悦和幸福。

1. 要做好生育计划，减少因生育宝宝而引发的焦虑

一个新生命的到来，不仅是自己的小家庭多了一个吃饭的人，而是夫妇两人都被赋予了一个新的社会角色的重大事情。新角色的出现必然伴随着权利和义务的到来。准备什么时候孕育宝宝？想要几个宝宝？这就需要根据夫妇二人的身体、工作情况以及家庭经济情况制订一个合理的计划。这个计划应该在结婚前制订好，否则宝贝提前敲门，你们会措手不及甚至让宝宝失望的。

近些年，随着生活水平的不断提高，生育政策的调整，"双减"政策的到来，生养孩子的压力正在逐步减小。婚后尽早要孩子，不仅对母亲的身体有益，也为将来生育二胎三胎留出了时间。

2. 要生育一个健康的宝宝

要生育一个健康的宝宝，首先需要科学备孕。在怀宝宝之前，就需要注意戒烟戒酒，按时休息，增强体质，防止感冒发热。可以根据女方的基础体温预测排卵时间，这样受孕机会就比较大。激素分泌又和人的情绪有关，所以当你了解了这些以后，切不可紧张，一紧张反倒影响了受孕。当确定怀上宝宝时，需要按照医院的要求定期检查。要注意饮食营养，但是也不能营养过剩，营养过剩会引起胎儿巨大等，对婴儿和产妇的身体都是有害的。

在孕期还要注意保持愉快的心情。母亲的整体情况就是胎儿生长的大环境。孕妇的好心情不仅需要全家人的努力，更需要孕妇自己学会调整自己的情绪。

3. 警惕产后离婚高危期

女方因怀孕，身体和心理都随着胎儿的成长渐渐地转换和适应了母亲的角色，这种变化是非常自然且循序渐进的。男性虽然从意识层面上知道"自己该做父亲了"，但由于既没有身体的变化，又缺乏心理感受，在感觉层面上他仍然会长时间沉浸在原来的角色中。因此可以说母亲的角色是自然形成的，而父亲的角色是"人为的"。假如在这个阶段男方能经常摸摸妻子变化的腹部，感受孩子一天天的变化，听一听孩子的心跳声，也许能提前进入父亲的角色。从客观上讲，大多数母亲对孩子的责任意识相对来说是强于父亲对孩子的责任意识的。母亲更容易把所有的精力和体力都奉献给自己的孩子，虽然父亲也会同样欣喜和努力，但同时仍然需要得到妻子的关注和爱护。

在孕育孩子的这个时期，夫妻双方还需要提防无意中产生的婚姻暗礁。虽然女方在角色转换过程中自然扮演了母亲的角色，但因怀孕时身体的巨大变化、不适以及生产中的痛苦，女方此时是非常需要孩子爸爸的关怀与疼爱的。这一方面是由于身体不舒服需要被照顾；另一方面也是在被照顾中感受丈夫对自己的疼爱、感觉丈夫始终如一的爱意。假如在这个时期丈夫表现不佳，往往会在妻子的心目中留下不可磨灭的创伤，甚至会成为多年后离婚的诱因之一。

我的一位老年朋友，在她小女儿大学毕业之际，毅然地与共同生活了二十多年的丈夫离了婚。问及缘由，才知道他们矛盾就始于这位朋友的孕产期。她的丈夫是一个医生，工作很忙，在她孕育两个孩子的过程中丈夫都没有给予其足够的关怀，以至于让她耿耿于怀一辈子，而且将婚姻中的其他问题也一股脑地都归结在丈夫这个不好的表现上。因此，到了老年，我的这位朋友认为离婚已经对孩子没有什么影响时，就了结了这个婚姻关系。

在怀孕和哺育时期，女方如果把全部心思放在孩子身上而忽略对丈夫需求的关注，丈夫会感到妻子的疏离，同样也会出现婚姻裂痕。

我的一个高龄孕妇朋友因听从朋友关于要谨慎同房以避免流产的嘱咐，就对夫妻性事十分小心。他们本来是两地分居，当她的丈夫精心计划挤出半天时间兴冲冲赶回家想与她亲热一番的时候，她却毅然决然地拒绝了丈夫。以后丈夫再没难为过她。又过了一段时间，丈夫又一次回家，她发现丈夫有了婚外性行为，家庭战争突发。虽然最后她理解并原谅了丈夫，丈夫也再没出现此类问题，但其实完全可以用理性认知和科学知识来避免这种令人遗憾的事件发生。

因为男女角色转换的不同步，夫妻双方容易忽略对方的感受与需求，假如再没有良好的沟通，就会引起误会和疑心，使婚姻出现问题。妻子认为丈夫不关心自己，自己这么累了还要求过性生活。而丈夫会感到自己在妻子的心目中的地位下降了。在很多实际的案例中可以发现这个时期是丈夫最容易出轨的时期，其重要原因之一就在于此。

性和爱有时很难区分，所以当婚姻中性生活明显减少时，会让人感觉对方对自己的关注、关心也在减少，丈夫可能会不自觉地认为是妻子不重视、不爱自己了。这里我首先建议丈夫对妻子有更多的理解：孩子的降生除了给家庭带来许多欢快，也会增添麻烦。妻子生产后身体虚弱，还要照顾刚出生的弱小生命，即使有父母或阿姨的帮助，仍然有许多事情需要亲力亲为，所以此时让妻子面面俱到也不切合实际。这个时期是女人负担最重，身体和心理最虚弱的时候，也是最需要自己的亲人支持帮助和理解的重要时期。同时，妻子也要了解和体谅丈夫的心理状态和他的需求，在可能的情况下尽量满足，有困难时要态度委婉，切不可冷言回绝或以不良态度拒绝。

在生育阶段，有的妻子因心疼丈夫不忍心让丈夫在工作之余还要忙家务，或是觉得丈夫笨手笨脚的还不如自己做，无形中剥夺了丈夫为家庭付出劳动的机会。有智慧的妻子在这个时期要给丈夫为家庭付出的机会，让丈夫也参与到家庭事务中来，一起做一些事情。这样不仅减轻了妻子的负担，同时也增加了丈夫对家庭的热爱与责任，促进其家庭角色的转换。

常有一些处在婚姻危机中的女性说家里里里外外的事都是自己一个人干了，结果丈夫还不满意，埋怨自己的丈夫一点都不关心这个家。但是问题就出在"里里外外的事都是自己一个人干了"。丈夫对家庭没有一点付出,他怎么会热爱这个家呢?孩子出生后的烦乱时期正是让丈夫参与付出的好机会,而且是一举多得的好事情。在丈夫参与家务劳动时,妻子得到了帮助,感受到了丈夫的爱,而丈夫在体会做爸爸的辛苦和乐趣中,更增加了对家庭的责任心;妻子也会有更多精力体力去关注丈夫,满足丈夫的需求;总之,共同的繁忙才能促进家庭的亲密与和谐。

在妻子怀孕、生产、哺育期间丈夫出轨也许还会有另外的因素,就是感觉怀孕生产后的女人不那么吸引自己了。有些女人在这个时期也会产生同样的悲观情绪,因此对丈夫这时是否关心自己非常敏感,担心由于自己身体变化,丈夫不再那么喜欢自己。在这个时期如果丈夫不能够主动关心妻子,并且对两人的性生活失去了兴趣,女人也会耿耿于怀,会疑心丈夫对自己的爱是否真实,进而产生一系列负面情绪。这可能会发展成婚姻中的暗礁。男人如果对怀孕生育阶段的妻子缺乏了"性"趣,就需要反思一下自己对妻子的爱恋是否真实。因为这里包含了性与爱的区别。只对身体感兴趣,是性,不是爱。爱是人类精神层面的情感,性则是动物属性的本能。假如婚姻只建立在"性"趣的基础上,就如同大厦建在沙丘上,随时都有倒塌的危险。

另外,女性在产后因一系列生理、心理因素的影响,有可能会出现产后抑郁。因此,妻子在孕育和分娩的过程中更需要丈夫的理解、疼爱、帮助和支持。丈夫应帮助妻子缓解内心的压力,在生活中分担妻子的压力,鼓励和陪伴妻子到专业的医院治疗。丈夫应避免不恰当的语言和态度,比如:"女人都生孩子,有什么了不起的?怎么这么多事呀!""大不了就请一个阿姨,有什么可怕的。"妻子需要的不是丈夫的教育,而是更多的理解和爱。丈夫的理解、体贴、安慰、鼓励和陪伴才是治愈产后抑郁的无形的良药。

4. 子女的家庭教育责任

生活经验和科学研究都证明人生开始的前六年是人发展的关键时期。因此我们一定要把握好孩子出生后的前六年,养育好自己的孩子。这是每一个做父母的义不容辞的责任。

0~1岁是孩子建立安全感的关键时期。一个婴儿呱呱坠地,来到这个陌生的世界,他唯一熟悉的就是妈妈心跳的声音。母乳喂养是天然的喂养方式,母乳的营养成分最适宜婴儿身体的吸收,能很好地满足婴儿身体发育的需要。在母乳喂养时,宝宝被抱在妈妈怀里吃奶,他可以清晰地听到熟悉的母亲的心跳声,那是一种多么舒适和安全的享受啊!所以在孩子1岁以内,要尽量坚持母乳喂养,妈妈要多抱抱孩子。父母还要多跟孩子交流。眼神的交流、温柔的注视、声音的刺激,都可以促进婴儿的发展。父母还要关注孩子的哭声,满足他的需求。通过孩子的不同哭声学习判断孩子是饿了、尿了,还是想让抱抱了。当我们及时解决了他的问题,让他感到舒适,他就能得到一种安全感，消除对新环境的恐惧，感到这个世界是可以信任的。父母在这个阶段怎么爱孩子都不为过。假如这个阶段父母或带养人没有给孩子安全感，那么孩子的内心深处就会形成对这个陌生世界的不信任，孩子就不知道自己该如何生存在这个世界上。

安全感建立了，孩子才能很好地进入他生长的第二阶段1～3岁期。1～3岁是婴儿神经系统发育最快的时期。在这一时期，孩子开始出现自我意识，开始学习走路和说话。因为自我意识的萌发，父母感觉到孩子不听话了，孩子会出现第一个逆反期。这时需要父母有耐心，让孩子的自我意识得到自然发展。这个阶段是孩子形成健康依恋关系的重要时期。假如在这段时期孩子的依恋关系没有建立好，在以后的成长过程中，孩子会更容易出现抑郁、焦虑、强迫等问题。只有很好地度过这个阶段，孩子才能顺利进入下一个发展阶段。

3～6岁是人际交往能力的发展阶段。大部分幼儿都是3岁入园，是有一定科学依据的。孩子有了自我意识，能跑能跳，也会与人说话了，孩子若在上个发展阶段建立起了健康的依恋关系后，这时他就敢于离开熟悉的人，与更多的人交往，学习与不同身份的人相处，如老师、男同学、女同学、比自己大一些的同学、比自己小一些的同学等，并在与不同人交往的过程中，建立起自信，学会积极相处。这里要特别强调的是，在这个阶段，爸爸一定要尽量多陪伴孩子，因为孩子的自信心、探索精神、勇敢等，往往来自父亲的影响。广泛的人际交往，可以提高孩子独立面对世界的素质。假如孩子在这个阶段没有发展好，那么以后可能更容易出现人际交往的问题。这个阶段也是孩子学习文化知识与社会规范的启蒙阶段，应让孩子开始学习一些知识，规范各种行为，为上学做好必要的准备。在孩子6岁时他的个性基本形成。假如孩子能健康地度过成长的这三个阶段，就会形成良好的个性，使孩子受益终生。

但是在现实生活中一切不一定是那么顺利的，在某一个阶段或某一个环节父母没有做到位也不要着急。孩子在青春期又会经历一个迅猛发展的时期，在那时父母可以尽可能在一定程度上补上前面落下的一些课，尽可能地帮助孩子成长。当然，补救一定会比顺势而为要困难，所以希望读过这本书的父母能从孩子降生起，就能无条件地去爱你们的孩子，给他们最恰当的陪伴。

三、婚姻瓶颈期

人们都抱着天长地久的美好愿望进入婚姻，但是许多婚姻走到一定阶段时就会出现困难或问题，"七年之痒"的困惑。很多人在婚姻延续到七年左右时，夫妻的情感就会进入恋爱开始以后的最低潮，不谈感情还可以混混沌沌过日子，谈到感情就感到压力倍增，似乎此时的婚姻一碰就会碎裂。很多问题纠缠不清，说到一件事情就会牵扯到一系列的问题，似乎已经没有了解决的途径。压力和矛盾充满了这个阶段，不由得让人想逃离，换换环境，"呼吸呼吸新的空气"。

这就是婚姻的"瓶颈期"。对这段时期出现的问题该如何认识呢？又如何正确应对和处理呢？

1. 爱的激情消退

夫妻在平淡的家庭生活中朝夕相处，从开始接触时的激动到渐渐熟悉，从令人心跳的喘息到熟睡的鼾声，从让人向往的容颜到对身体每个部位的了解……经过多年的亲密相处，夫妻双方对彼此都已经太熟悉了，熟悉得没有一点点儿"新意"，没有一点点儿激动，两人自然而然地就不再像以前一样那么关注对方了。人的这个阶段也正是工作繁忙、孩子累人的时候，这也必然会使夫妻的相互关注大为减少，激情逐渐减退。爱的激情一般只有20个月，因此出现激情消退的时间点是相恋之后三年左右。所以有人说现在的"七年之痒"已经提前成"三年之痒"了。从情感的变化规律而言，这也是符合规律的，但是从人的主观意识来讲，激情消退的快慢，是与开始建立情感时的情感的质量以及婚后是否对感情进行呵护有着重要的关联。生活压力大，只是一个外在的因素。当人们知道压力会影响夫妻情感时，就会有意识地去提防，甚至有意识地安排增进情感的活动，或是当问题出现时及时解决。其实一句抱歉的话、一个温柔的拥抱、一个深情的回望都会为爱情"账户"充值。这并不需要更多的时间和精力，只要我们知道并记住自己的配偶是需要爱的。

2. 婚姻矛盾不断积累

婚姻的瓶颈期一般发生在婚后七年左右，此时夫妻双方的情感因磨耗而达到了最低点，而婚后矛盾的积累则多得到了几乎让人无法忍受的地步。

（1）婚前隐藏的矛盾。

很多夫妻在婚前就种下了矛盾的种子。很多人都认为恋爱结婚是一种感觉、一种缘分，是人的本能，认为爱只是感情的事，似乎与理性无关。在这种不成熟的婚姻观支配下，恋爱双方就不可能在恋爱的时候保持较为清醒的头脑，不能以理性来审视自己的恋爱和婚姻，也不可能意识到自己的那些对婚姻的幻想和不成熟的理念。这样的夫妻，婚后的矛盾就不会少，在两个人热恋时，这些矛盾可以不显现、不发挥破坏性的作用，从而被掩盖起来。

（2）初婚时没有解决的矛盾。

结婚后，各自在恋爱时被掩盖的缺点、问题或双方在某些理念、观念上的差异，都会逐渐暴露出来。如果缺乏对恋爱婚姻的正确理解，矛盾没有得到很好的解决，人们在婚后自然会产生失落和不满，甚至引起大的生活矛盾，感到对方与自己心目中的配偶形象相去甚远。人的思维有一个共同的特点：当自己给某事物或某人下了结论后，往往会不自觉地用各种论据去证实自己的结论。在婚姻中也是一样，当一个人发现对方的一些缺点或问题时,会给对方下一个结论,然后会不自觉地用"放大镜"甚至"显微镜"去寻找对方的缺点,肯定自己的判断,而对对方则是横看竖看不顺眼。结婚几年后,婚姻中的许多事情会不由人控制地出现一些问题,因为人们没有应对的经验和思想上的准备,对这样的问题就会感到无能为力。

(3)错综复杂的矛盾。

婚后七年,一般是人生变幻最丰富的阶段。生活上,婚姻的建立、生儿育女,两人除了生活中产生的各种矛盾外,还会在子女的养育中,因不同的观念和方法、付出的精力体力不同,而引发矛盾,以致波及家族中的其他人,产生一系列的矛盾。在这个阶段夫妻双方可能还要面临职业选择以及事业上的竞争。这些悲喜与起落同样会冲击婚姻生活。慢慢地,人们感觉没有精力再去经营婚姻,也不愿意面对和解决那么多的矛盾冲突。许多女性朋友对我说,自己已经感到婚姻中出现了一些问题,觉得夫妻之间话越来越少,相互也不再关注,甚至即便有时间也很少有兴趣一起活动。她们希望与丈夫沟通改善夫妻关系,但是往往得到的回答是"我没有什么感觉,也没有时间谈这些问题"。可以看出这些丈夫在这个阶段对两人关系的兴趣已经在消退,甚至已经把维系感情当成了自己的心理负担。如果双方缺乏维持婚姻的决心,在此期间就很容易出现婚姻危机。

(4)性生活不理想产生的矛盾。

因性生活不和谐而引起对对方的不满或是引起对夫妻性生

活兴趣的降低，也是"七年之痒"的矛盾之一。初婚时期的新鲜感会掩盖缺乏性交流这个问题，而当婚姻进入瓶颈期，如何在平静琐碎的生活中激起热情的性活动便成了问题。逐渐出现的性生活的平淡和缺乏激情便可能导致双方对性的不满足。这种不满足很可能并不是源于性能力的缺乏或减退，而更多的是源于夫妻间缺少性的交流。这种不满足的情绪会通过某种形式表现出来，或隐晦或明显，或和缓或强烈，或间接或直接。直接的就表现为明确拒绝，间接的或从其他由头引发，或找碴儿闹意见、生闷气，或借题发挥、放开了吵一顿……如此种种，形形色色。直接拒绝对方的性要求会伤害情感，继而引起或加剧双方性生活的不和谐。而以隐晦的方式来宣泄不满，又会让对方感到"丈二和尚摸不着头脑"，反而觉得你这个人"不可理喻"。一位男士说他的妻子总是隔三岔五地找碴儿和他打架，搞得他好烦，他问我，是否妻子得了精神病。我们交谈后才知道，这位男士因工作不顺利，自觉身体也不太好，常常感到疲劳，因此很少过夫妻生活。在此基础上进一步了解，我认为，妻子的挑战应该是求爱的信号。知道了原因，经过双方的沟通和理解，问题很快就得到了解决。假如不了解其中的原因，这个矛盾就会越演越烈，成为婚姻危机的根源。

（5）眼光的改变制造了矛盾。

在恋爱和结婚初期，很多女性对自己配偶的喜爱中几乎都带有几分盲目的崇拜。但结婚成家几年后，随着阅历的增加和年龄的增长，女人开始逐渐成熟，她们的眼光开始有些苛刻，当她们发现自己所崇拜依靠的男人竟然有某些缺点时，就开始寻找验证，并一再地与其他男人相比，越发觉得自己的丈夫"太不称意"，于是要求其改变、要求其上进。感受到压力的男人就会抵制、反抗。面对妻子的改变，他不由地会产生疑惑——自己的妻子是否还爱着自己？从此，矛盾开始升级。这里面包括两方面的问题：一是夫妻需要同步成长。当一个人成长了，变得越来越成熟，而另一方还在原地踏步，双方自然就失去了平衡。二是女方因不断成熟，对男方的要求越来越高。一些女性习惯把自己老公的不足之处与他人的长处相比，总感觉自己老公不够优秀，于是就开始在不知不觉中改变自己心目中理想对象的形象。这种妻子需要自我反省，找出问题所在。曾有一位女士坦言，她确实没有外遇，也很怕"七年之痒"影响自己的婚姻，也很注意维护自己与丈夫的关系，可是这个"七年之痒"还是不期而遇了。她和老公似乎谁也看不上谁了，她觉得老公就是不如她工作中遇到的那些男人上进。她搞不清自己为什么会产生这样的问题，担心他们的婚姻会由此出现危机。我把眼光变化引起心理变化的奥妙告诉她以后，她表示回去一定要认真思考，努力度过这个瓶颈期。

（6）缺乏理性的相互适应而形成的婚姻模式，使婚内矛盾升级。

问题的积累必定会使矛盾升级，矛盾升级后，夫妻双方难免相互指责，悉数对方的过失和不足，却不知今日的情况是两个人共同造成的。比如，一个怕面对矛盾的女人遇到一个以自我为中心的男人，每当矛盾出现时妻子就会躲避，而丈夫得到的暗示是"我可以这样做"。时间长了，这对夫妻处理冲突的模式就变成了丈夫怎么做都可以，而妻子的反对便成了问题。最后妻子实在不可忍受时，两人的关系就开始出现危机。再比如，一个强悍能干的妻子，始终瞧不上丈夫积极的表现，慢慢地，丈夫就不再继续他的积极，变成一个完全依赖于妻子、像孩子一样的家庭成员。当妻子需要支持和帮助时，丈夫就无法再扮演支持和帮助她的角色。追根溯源，妻子对丈夫的不满其实是这段婚姻的危机根源。从中不难看出，婚姻中的许多问题往往是双方的互动结果，而不是婚姻中的某一方出了问题。当人们不了解其中奥妙时，就容易将过错归结于对方，矛盾就如滚雪球一样，越滚越大，时间长了，便成为一团解不开的乱麻。

3. 矛盾处理不当

婚后生活中柴米油盐、子女教育、家族人际关系等，都会引发许多矛盾冲突。矛盾冲突需要夫妻及时解决，避免激化或扩大。

（1）不能及时解决冲突，使矛盾积累。

当矛盾冲突发生后，夫妻如果能够保持沟通、增进理解，能够商量着解决问题，那么不仅能使问题迎刃而解，还能使夫妻逐渐走向成熟，增进情感。人们没有经验、缺乏解决冲突的能力时，一般都会按照自己的习惯来面对、解决矛盾，在这一过程中往往会体现每个人的不成熟和弱点。习惯回避矛盾的人容易将一个个矛盾隐藏起来，这样下去的结果就是旧的矛盾未解决，新的矛盾又产生。矛盾积累到一定程度，就会加重这个阶段的矛盾压力，导致婚姻危机的出现。

（2）解决矛盾的方法不当，会引发更大的矛盾。

很多夫妻对待冲突矛盾都会习惯采取两种方法：忍耐或争吵，而不是采取有效的沟通方式。是忍耐还是争吵取决于每人的个性以及当事人的情绪状态。忍耐的方式表面看起来似乎比较安静，好像问题没有了，但是它会将小事变大，甚至变成难以解开的疙瘩。当忍耐到一定程度时，积蓄起来的负能量就会爆发，它的杀伤力会比平时的吵吵闹闹还要厉害，甚至是"致命性"的。一些习惯用吵架来解决冲突的人，面对生活中一些鸡毛蒜皮的小事，喜欢唠叨、争执、吵嚷不休。这类夫妻只要开始争吵，就必然要争出个输赢，自己不占上风就不肯罢休。人在争论中都希望自己是赢家，在不懂得夫妻之道时，即使是夫妻也都希望自己是家里的中心人物，证明自己是对的。这种高下之争必定会破坏家庭的亲密与健康结构。争执到了最后情绪难以控制的时候，不免会说出伤害彼此的话，以解心头之怨。"战争"到了不可控制时还可能会发展到你抽我一个耳光，我揪你一绺头发；你端起一把椅子，我抄起一个茶杯……一场大战下来，往往两败俱伤。这样做，不仅问题得不到解决，还会相互伤害。情感不断受伤会使夫妻关系发展到冷漠、冷战阶段，这就预示着婚姻已经陷入破裂的边缘。

（3）通过向外人倾诉不利于矛盾的根本解决。

夫妻间的矛盾是需要夫妻自己去面对解决的，只有通过夫妻间的自我察觉、表达、讨论、谅解等，达成夫妻双方的共识才能使问题得到恰当的解决。解决处理冲突的过程会进一步促进夫妻双方的了解，增进夫妻情感，同时也是双方成长的重要经历。但是有许多男女，为了逃避矛盾、避免直接冲突，习惯于向他人倾诉，以缓解自己内心的压力。而当外人听到这样的倾诉时，一般都会偏向诉说者，使诉说者得到安慰。虽然这样的方式可以暂时帮助减压，但对矛盾的真正解决不一定有益，甚至片面的意见对解决问题还会有害。另外，从人性的感受来讲，当一个人向异性倾诉压力、烦恼时比向同性倾诉更容易缓解其焦虑情绪。所以人们会自觉不自觉地找到自己信任的异性朋友倾诉内心的苦闷。开始是无意地倾诉，感受对方的同情、关怀、体谅带给自己的久违的亲切，而常常如此，则有可能日久生情。往往会成为婚姻的隐患。

（4）婚外情是暂时缓解家庭矛盾的危险方式。

还有一些人以婚外情的方式来应对自己婚姻中的矛盾与压力，因为与情人相处的快乐使自己心情愉悦，到家里就会更容易原谅配偶的一些不良表现。

然而，当事人在"良好"的情绪状态中很少会考虑事情变坏的可能性。情人关系也会不受控地发生变化。到了某个阶段，一方会为了保全自己的名声利益，提出分手，此时另一方会感到被抛弃，而且这种伤害不亚于失恋、离婚。当情绪不可控时，地下恋情就有可能浮出水面，为婚姻带来两败俱伤的结果。若情人双方感情越来越深厚，原有的婚姻就难免有破裂的可能，于是两个家庭的婚姻战争便可能爆发，甚至会出现一方因此离婚而另一方仍保留原来的婚姻，从而引起严重的情感伤害。假如婚外情的一方是单身，问题更容易发生。因恋情发展，未婚这方最终会很想得到一种承诺、一种名分，结果婚外情的一方就必然要为此付出代价，要花许多精力来处理复杂的情感纠纷，还可能伤害他本不想伤害的两个人，最终失去家庭，失去财富。还有一些婚外情，双方都比较理智，双方都有家庭且都不愿拆散自己的家庭，都认为自己的配偶对自己都很好。但即使是这样也难免有朝一日东窗事发，事情败露，婚姻就会面临崩溃。人们需要清醒地看到：婚外情是一种极危险的方式。

几年平淡琐碎的婚姻生活，会使夫妻双方都渴望温馨和激情；夫妻因重重的矛盾和种种压力，会忘了对方对柔情的需求；夫妻间不分你我的熟悉，会使得双方不再有激情。这时在网上或生活中，一次偶然的邂逅、一句关爱的话语、一抹温情的目光，甚至一声轻佻的问候，都可能使处在这个阶段的男女感到内心"痒痒"。只要有了这样"痒"的感觉，人们就有可能不顾一切地冲破平淡的婚姻，去寻找另一种情感。

有位心理学家分析认为，成熟真挚的恋情必须经过四个阶段，即共存、反依赖、独立和共生，阶段间过渡所需的时间，因人而异。第一个阶段的共存是爱情的热恋时期，这个阶段的情人不论何时何地总希望两人能腻在一起，常见于恋爱期和初婚的最初阶段。第二个阶段的反依赖是在情感稳定后，一般在结婚初期阶段，此时至少会有一方想要有多一点属于自己的时间做自己想做的事，而难免使另一方感到被冷落，从而引起误解，需要防范。第三个阶段的独立需求是第二个阶段的延续，双方都要求更多独立自主的时间。这是婚姻中的瓶颈期阶段，也是爱情的低潮期，最容易出现困惑并引发危机。第四个阶段的共生，是爱情的成熟阶段。此时通过婚姻生活的磨合，独特的相处模式已经成形，夫妻已经成为最亲的人，相互扶持，共同开创属于自己的人生，在一起也不会互相羁绊，而会互相扶持，共同成长。这是爱恋成熟阶段。但是，相当一部分夫妻通不过第二或第三阶段，而选择了分手，这是非常可惜的。因此，夫妻二人只要相信双方仍然还在爱着对方，那就应该选择坚持，坚持一下就会渡过难关，进入美好的第四阶段。

4. 如何应对婚姻的瓶颈期

"七年之痒"是婚姻的瓶颈期，也几乎成了婚姻恐惧症的高发期。人们经历婚姻这个阶段时都会感到疲惫，甚至心灰意懒，草率离婚。甚至还有人认为自己三十刚过，还有再次寻找爱情的机会。但是你是否想过，假如你没有学会如何度过这次的

"七年之痒",那下一次的"七年之痒"你是否能够顺利度过?按照事物发展的一般规律,"七年之痒"是婚姻必须经过的一个时期,逃过第一个婚姻"七年之痒"的人,很可能也无法顺利通过第二个婚姻的"七年之痒"。但也不要怕,只要对婚姻发展规律有所了解,知道问题的原因,就会找到对应的策略。"七年之痒"对婚姻的影响是可以避免或减轻的。在这个阶段,夫妻双方如能进行适当的调适,就会促进亲密情感的发展,会使夫妻的相处增添理性的成分,夫妻双方在人格上也会有长足发展,更加成熟,为以后长期的婚姻生活奠定良好、坚实的基础。

下面就给读者提供一些可行的策略供采用。

(1)保持自我。

恋爱的双方是两个独立的个体,或一见钟情,或日久生情,总之是以自己的独特魅力吸引了对方,而使对方产生了爱意。为了让对方高兴、满意,人们常自觉或不自觉地改变自己,甚至最终失去了自身的魅力,没有了自我。

常会听到这样的话:他已经不是当初的他了。这句话里充满了无奈和不满。对此,人们不妨回想一下,结婚前的自己与现在的自己有什么不同。要从外表到内心都审视一遍,同时回忆一下当初你的配偶最喜欢你哪个方面,以及现在你是否还保持着这些特点。要保持住自己的魅力,使其仍然成为你们夫妻相处的火花。每个人的独特性就是这个人的魅力,人们能够保持自我,展现自我,也就保留了自己的魅力。

有位白领男士，他觉得自己的妻子非常优秀。妻子是性格外向的人，人际关系很好。她在一家公司工作，因工作关系常常出差，走过许多地方，回来常给他讲这讲那。这位男士越觉得妻子能干，相比之下就越觉得自己不如妻子，很是着急，怕妻子看不上自己了。他想改变自己，把自己变得和妻子一样，但是由于自己性格内向，又是做文案工作的，始终无法真正地改变自己，为此很是苦恼。我问他，你觉得妻子对你变心了吗？他说没有。我又问，妻子与你谈恋爱结婚时你是什么样？当初是你的什么特点吸引了她呢？这位男士是一个很有悟性的人，他听了这些问题就笑了，他说他知道自己应该怎么做了。

保持自我的同时也要注意与时俱进。随着时代的发展而发展，才能具备时代的魅力，才能有新的活力注入婚姻。夫妻共同发展进步，才会有共同的观念和兴趣，这也是夫妻相处之道。为什么说"贤妻良母"型女性的婚姻容易发生婚外情？此类女性很多因为爱自己的丈夫，爱得忘我，容易以丈夫为中心；她们在生活上对丈夫体贴入微，甚至有人自己打工挣钱供丈夫发展学业与事业。在长久的奉献过程中她们逐渐将自己变成了丈夫的"妈妈"，变成了丈夫的附属品，从而失去了自我，折损了自己的魅力，变成了婚姻的牺牲品。

记得在20世纪90年代中期，我的一位女性好友说她的丈夫在深圳工作，突然要求她把头发烫了，还让她学习电脑。她担心这是因为丈夫看不起她，有了外遇。后来才知道她丈夫是想接她去深圳，正在考虑她去后的工作问题。我鼓励她按丈夫的要求改变一下自己，好好学习，并告诉她这是一个好消息。过了一年，她欣喜地给我打来电话，讲述了深圳的先进和开放，也讲述了她与丈夫的恩爱。她的改变增进了他们夫妻间的关系。这个聪明的丈夫，帮助自己的妻子在外表和内涵上赶上了时代的发展，保持了她对自己的吸引。

（2）留出空间。

我们常形容婚姻中的两个人像两个圆，是各自独立的。好的夫妻关系应该是两个相交的圆，而不是两个重叠的圆。重叠的圆不分你我，这样的夫妻关系过于紧密，给对方的压力过大，在相处中容易紧张、焦虑，使美好的婚姻成为负担。分开的两个圆是各干各的，没有交流、没有结合，那不是夫妻。而相交的两个圆的意思就是夫妻要既有相融合的部分，又有相对独立的空间。给自己和对方留有一定的个人空间，会让人感到轻松自在。在婚外保持正常的朋友圈子，不要将婚姻作为自己唯一的精神寄托，就会减轻彼此的压力，不成为对方的负担，两个人都可以在各自的工作、人际交往中不断提升自己的人生智慧，不断调整自己，给自己不断注入新的内容，使自己更具有活力和魅力。

留有一定空间，会使夫妻关系变得轻松、活跃，会使新的东西走进自己的婚姻，使婚姻保持新鲜感。尤其当发现两个人出现一些不融洽之处时，更不能因害怕对方离去而穷追不舍，而是要停下来审视自己的婚姻，找到影响关系的问题所在，去改善、解决。假如一个要跑，一个去抓，跑的人是要空间，追的人又不给空间，结果那个跑的人就越跑越快了。一位年近四十岁的朋友，她觉得自己婚姻有些问题，在前两年就有所发现，想和丈夫沟通，但是丈夫总是以各种形式拒绝沟通。近来丈夫还经常加班或应酬，似乎问题更大了。她不知道应该怎样做才能避免婚姻危机。经过了解，我发现他们夫妻之间虽然沟通不多，但是两人关系还好。于是我建议她，以后有机会和丈夫交流时不再谈自己对婚姻的担心，而应谈各自的见闻或对外界事物的感受，尽量谈一些轻松有趣的话题。另外，要注意丈夫的情绪，多关心他的身体与心情。几个月过去了，一次她跟我讲，她发现自己的婚姻似乎没什么大问题了，她也不再担心丈夫会离开自己。从这位女士的经历可以看出，她感到婚姻危机即将来到时，因自己内心的焦虑，就不断地要求与丈夫讨论，给丈夫本来就紧张的心情增加了更多的压力，于是丈夫就需要寻找其他方法排解压力，而她就更加担心婚姻危机的到来。当她放松了这方面的追击时，丈夫也就放松了心情。可见，帮助对方放松心情是满足对方的需求，能使两个人都感受到一种心灵的亲密，从而缓解婚姻的压力。

（3）及时正确地解决冲突。

夫妻间有了冲突要及时解决，不要等到不得已时再去解决。

矛盾攒到一起，头绪太多，不易厘清，也难以解决，还会因积蓄不良情绪而影响矛盾的解决。第一，要勇于面对冲突，不要压抑或逃避。第二，要以第一人称"我"来表述自己的感受以及事件的实情，切忌用第二人称"你"来诉说，因为这带给对方的感觉就是指责。在感觉被指责时，人们是无法以客观的态度来面对事件本身的。第三，积极地倾听，所谓积极就是听者首先要愿意听，要有耐心地、不带框框地听对方说自己的感受是什么，在整个事件中经历了什么样的情绪变化，同时体验对方的感受。第四，给予共情，也就是将自己感受到的对方的情感表达给对方，让对方感到被理解、被接纳。这一步是非常重要的。有了积极的共情，对方才会感到被理解和被接纳，才真正达到了倾听的目的。当然共情不一定是同意对方的观点，而是体会对方的情绪和情感。

有了以上四个步骤，夫妻就有了共同面对冲突的基础，就能平心静气地讨论问题的解决办法了。

在解决冲突时，首先不要认为对方是在否定你这个人，而要提醒自己对方只是在向你表达感觉他的不舒服或是希望某事在某些地方可以得到改善。有些人由于自己的一些心理问题，如自我评价低或是控制型人格，往往容易将对方的不同意见理解为对自己的否定，从而不能客观地对待表述者的意见，更不能静下心来理解对方的感受。

在解决冲突时还要切记不可争权，因为争权常常成为婚姻危机的诱因。婚姻生活中绝大部分问题都不是原则问题，不存在对与错，只有如何做更有利婚姻、更适合双方相处而已。因此在讨论中要坦诚，要随时准备放弃和让步，当然放弃和让步一定是自己可以做到并心甘情愿的，只有这样，冲突才能够真正得到解决。

还要切记不要试图在有不良情绪的时候解决冲突。不良情绪会使人做出破坏相互关系的事情，但人们往往习惯于在情绪的驱使下去试图解决问题，尤其面对在情绪波动时产生的问题，就更希望尽快将其解决。而在平时，人们常常忘记发生过的冲突，或是因不忍破坏当时的好气氛而害怕提及两人之间的冲突。这个误区恰恰是影响矛盾解决的。在有负面情绪时，人们往往会不理智，说出伤害对方的话，甚至会出现暴力行为，相互争执，谁都想争个上风，根本听不了对方的意见和感受。因此一定不要在负面情绪下解决两人之间的矛盾冲突。但是为了避免矛盾的积累，也不能一忍而过，需要两人在适当的情况下，沟通解决。所谓适当，就是需要在两个人心平气和，环境安静，有一定的时间的情况下，把问题以表达自己感受的形式提出，以促进问题的澄清和解决。只有在这样的条件下双方才能听得到对方的想法，才有可能认真地对待已发生的冲突。

有些夫妻愿意以性生活来缓解冲突，以为两个人的亲密行为会抹平情感上出现的裂痕。他们混淆了肉体上的亲密与精神上的亲密，以为通过身体的亲密就可以使内心达到和解。其实当矛盾在情绪上还没有得到缓解时，性生活往往会起到相反的作用，弄不好被动方还可能感到被侵犯、被侮辱。这不仅有违初衷，还增添了新的问题。还有的女性习惯用拒绝性生活来惩罚丈夫，这种做法也是极为拙劣的。拒绝男人性生活，对男人而言不是一件轻松的事情，次数多了必会影响夫妻关系。无论从哪个方面看，都不应该利用性来处理冲突。

（4）调整期待值。

过高的期待会与现实形成反差，造成双方的压力。"配偶不一定是你结识的异性中最优秀的，但一定是最适合你的。"这是一条至理名言，但是在生活中人们往往会忘记。当听到或看到其他人的优秀表现时，人就会不由得联想到自己的配偶，感到不满足。人们的习惯都是以自己不足比他人所强，只要比了就一定不满，因此要切记不拿自己的配偶与他人相比。

世上没有完美的人，包括我们自己，要求他人完美不就是不切实际吗？虽然在理论上大家都认可这个观点，但在实际生活中还是往往会不知不觉地以潜意识来代替理性思维。比如找个踏实过日子的人，而当生活安定了就发现这人工作不那么"上进"；找一个事业有成的，时间长了，又发觉自己家不能像其他人家一样常有家庭聚会、夫妻相随；找个漂亮的女人，相伴光彩，而在实际生活中又觉得缺少帮手；要找个能干的女人分担自己的担子，可又不甘心许多事情要听妻子的安排……不能全面、现实地考虑问题的人总会置自己于矛盾的心态之中，总在不满足中度日。因此很有必要提醒"城中人"：多多回忆美好的恋爱生活，回想当初做出选择的标准和依据。"不忘初心"才会让自己保持头脑清醒，让自己不断重温当初做出选择的原因，让自己的内心更加坚定。

在现实生活中也有很多这样的女同胞，她们当初选择对象的初衷是希望找到一个能够理解和爱护自己的人。她们如愿选到了这样的人成婚，而当十几年的婚姻生活过去，她们的伴侣也确实如她们所期望的那样，理解自己，呵护自己，她们却逐渐发现了"不足"——家庭经济状况和物质生活平平，"比别人家差远了"……于是心中的平衡开始被打破，家庭的温馨气氛和两人的亲密关系开始受到影响。追求富裕的生活本是人之常情，但是人的物质欲望是永远得不到终极满足的，这可能是人类本性决定的。当最初的需求得到了满足就会产生新的、进一步的需求。这里我要提醒婚姻中的双方，一定要清醒、知足，否则无论你与谁在一起都不会有长久的幸福感。当然，随着社会的发展，人们的需求也在不断改变，需要根据个人和婚姻的发展不断调整对配偶的期待，因此双方的共同成长是非常重要的。然而这种发展中需求的改变并不等于出于攀比而产生的要求。攀比是要求对方胜过某人，而发展中产生的需求变化则反映了不断提升的精神需要。在调整期待时，同样需要人们内心有一把尺子，知道自己真正的需求以及它们的排序，清楚地了解什么样的人才是真正适合自己的，切忌贪婪和攀比。

（5）增加感情储蓄。

爱一个人就要满足他的情感需求。在婚姻中的人们需要常常问问自己：我给对方带来了什么——无忧的物质生活？充实的精神食粮？安全感、幸福感？有质量的共度时间？然后尽自己的所能为对方多付出些，满足对方的情感需求。夫妻双方在日常生活中，要发自内心地表达自己的爱意，一个拥抱、一个笑容、一个亲吻……在实际生活中这类简单而又重要的事情常常被人们忽略。其实只要有心，就可以轻松愉快地让对方体会到你的温情和爱意。假如夫妻二人能够给彼此爱意与真心，他们爱情存折上就会有取之不尽，用之不竭的情感储蓄。夫妻之间不要老把批评和挑剔挂在嘴边，不要老想重新塑造对方，无论是以这样的方式引起对方的关注，还是为了达到自己内心的一种平衡，或是想帮助对方达到更高的标准，都必然会减少爱情存折的储蓄，影响夫妻感情的发展。

（6）创造二人世界。

在婚姻的瓶颈期，面对错综复杂的冲突和情感的低谷，夫妻一定要给自己留有为感情"充电"的机会，如在生活中安排出时间，哪怕是每周两个小时的时间供夫妻俩一起活动，或看电影，或逛公园，或到饭馆就餐。总之，夫妻应该有两个人共度的时光，有属于两个人的"二人世界"，以此来促进夫妻互相欣赏，重温相爱的感觉。也许你们在工作中忙得不亦乐乎，也许你们已经是孩子的父母，压力和忙乱使你们无暇顾及情感问题，但工作并不会因每周或每月少了两个小时而荒废。虽然婚姻中的父母对孩子有义不容辞的义务，但是孩子同样需要有恩爱的父母与和谐的生活环境。夫妻关系融洽，孩子就会感到幸福。孩子并不是夫妻婚姻中的第三者，而应是婚姻的调和剂，但也可能是婚姻危机的诱因，其决定权在夫妻自己手中。只要安排妥当，孩子也不会因为那两个小时没见到父母而出现问题。但是这两个小时对瓶颈期的夫妻却是相当重要的，是弥足珍贵的。只要身体力行，就会有意想不到的收益。在一些地方，有周末可以安排子女活动的机构，那里有很好的活动设施和教导老师，孩子在那里很快乐还能学习到一些技能。父母将孩子托付在那里既解决了后顾之忧，又可以安心过二人的幸福时光。只要夫妻有这个意识，就肯定能有办法去解决其中的困难，让彼此的情感得到充电。

（7）夫妻双方都不要脱离家庭生活。

男主外女主内的格局是很多夫妻关系脱离的重要因素之一。很多家庭都习惯于把家庭事务交给女方掌管，包括对子女的教育，而男方常常以"工作忙""挣大钱"为由脱离家庭生活。这种格局会让夫妻缺乏同舟共济的感觉，它往往让女人感到辛苦、委屈，在家庭中地位低下，而让男人感到自己的辛苦不被理解，家庭是个累赘，这个家庭不是他自己的，甚至会感到家庭已经不需要自己了。记得一位朋友忙了两年的外语考试，终于考试通过，得到公派出国深造的机会。学习和出国使其离家三年。他从国外回来后,一次因为一些小矛盾,已经从十一岁长到十四岁的儿子说了一句:"没有你,我们过得挺好。"使这个在外拼搏的父亲痛苦了好几天,寝食不安。

其实,现在大部分家庭中夫妻双方都有工作,这对调整男主外女主内的格局很有帮助。夫妻若能将生活安排合理,共同面对内务,共同在外拼搏,同甘苦共患难,一定会增进彼此的理解,让双方更加恩爱。

现在也有一些家庭是另一种模式:丈夫从事专业工作,在工作岗位上潜心钻研专业技术,业务上有所建树。因工作时间规律,也能够抽出一些时间来分担家务。妻子挣钱比丈夫多,是家庭经济来源的主力,虽然在外辛苦工作,但是仍然不放弃家务,只要有机会、有时间就会扮演家庭主妇的角色。他们各有天地,共同进步,和谐生活。我相信这样的婚姻生活一定是充实而幸福的。

(8)安排共同活动。

假如因工作的特殊性,夫妻中的一方确实不能如愿参与家庭内务的话,那么就需要双方用智慧去营造爱的氛围。可以订立自家的活动时间和活动形式。比如可以每两周或一个月举办一次"家庭活动日"聚会。一旦确定,夫妻双方就要保证参与,非特殊的情况不得请假,由此来密切家庭的联系,增进家人之间的情感。由于机会来之不易,大家会更珍惜这样的活动。因为有了承诺,双方就会更加重视这个聚会,在活动的实施过程中,实现承诺、愉快相处,无形中家庭所有的成员都把彼此当成了自己最重要的人。一个人成为自己所爱的人心目中最重要的人,是多么幸福的事情啊!

(9)不要选择逃离。

当"七年之痒"来临的时候,许多人选择了逃避——"既然情感进入低谷,既然有如此多的矛盾不好解决,那就离婚吧"。离婚似乎可以逃避麻烦,轻松获得"新生"。但是离婚也同样意味着放弃在婚姻中面对和解决矛盾,放弃自我提升的机会,这是对自己的不负责任。将多年积攒下来的问题丢到脑后一走了之,也是对自己建立起来的家庭极不负责任的行为。第一次的放弃还会导致第二次婚姻仍可能失败,因为瓶颈期是情感发展必然经历的,再结一次婚同样会经历,也同样需要面对和解决问题类似的麻烦。在实际生活中,多次结婚、离婚的人还是不少见的,其中很多人不懂得婚姻促进个人成长这个道理。一般来说这些人不仅婚姻不顺利,也很可能在人际交往或工作等其他方面也不顺利,因为不能面对矛盾、解决矛盾就不能获取经验,就无法提高解决矛盾和问题的能力。因此,未经最后努力便选择离婚是最不可取的方式。

"七年之痒"只是婚姻中的一个"瓶颈期",是婚姻的一个重要的调整期,是婚姻容易出现危机的阶段,也正是促使一个人成长的良机。婚姻的压力会使人们反思自己的婚姻,反思自己需要改变什么,从而重新调整婚姻生活,学习如何处理矛盾与冲突，体验在平静的生活中如何保持婚姻的活力。当人们认真地走过了这段"狭路"之后，就会走上宽阔的婚姻大道，迎来较长时间的稳定婚姻了。

四、中年人的婚姻

中年人的婚姻生活总的特点是平淡。从积极意义上讲，平淡包含有安定的意味，但平淡也意味着缺少刺激、缺乏新意。因此中年人的婚姻中也同样有着不安定因素。

1. 中年人的心理会发生相应的变化

情感是人际交往的基本成分，它的产生与人的心理状况息息相关，因此我们必须关注人在每一个阶段的心理变化。人到中年，一方面有"人生巅峰"的客观成就，事业有成、儿女长大、财富积累……但另一方面也会因身体、心理方面的变化而出现以往没有的"力不从心"感；在与年轻人相处和竞争时会时不时地感到中年的失落和压力。世间万事，盛极必衰。中年危机导致的心理变化，是真实的感受，虽然有时自己察觉不到。假如这时有人，尤其是年轻人向自己表达敬佩甚至爱慕时，中年人就会感到自己的魅力和力量依然存在，就会像给自己已经疲惫的神经打了一针兴奋剂一样，精神抖擞。这可能就是中年人常出情感问题的原因之一。曾经听到一个真实的故事，夫妻二人都是职场上的优秀人才，只是妻子的职位略高于丈夫，但是两人很少沟通，大部分时间都忙于各自的工作和应酬。有一次丈夫应酬客人去了歌厅，感觉不错，之后便经常出入歌厅，感觉十分快活。突然有一次他问自己"为什么喜欢来这里？与不是一个层次的女性待在一起怎么这么愉快？"他这才发现，每次自己来这里都得到了热情接待，得到的赞叹之声不绝于耳。他在这里满足了内心被肯定、被赞美的需要，因此感觉身心愉悦。他弄明白后就重新评价了自己的行为，再没去歌厅寻求这种满足。这是一个明智而勇于自省的男人，他如果不是及时反省的话，也许会越陷越深，给婚姻带来悲剧。而这位妻子也要想想是不是自己忙于事业，忽略了丈夫的感受。

渡边淳一写的《紫阳花日记》中，男主人公有了情人后，工作异常积极热情，觉得轻松又愉快。他夫人认为，他可以花那么多的钱为那个女人租房子、买东西，花那么多的时间与那个女人在一起，就说明丈夫是一个花心的男人。但是这个男主人公确实并不想放弃自己的夫人和自己二十多年的婚姻，感觉对自己的家庭还是在意的，在家庭中或公共场合中对妻子也是尊重的。

《紫阳花日记》是一个有关中年人婚姻心理的故事，从一个侧面真实反映了中年时期的婚姻状况。当然也有些人是不愿意承认自己有这种心理需求的，因为人们都不愿意正视自己的软弱或不如意。但是不管人们愿意与否，中年人心理的变化是客观存在的。人在中年时容易出现婚外情，而且难以自拔，原因多在于此。有的当事人对我说，他在这次的恋爱中才体会到真正的爱情。而当我问及他当初与妻子恋爱的情况时，随着回忆渐渐清晰，他便变得哑口无言了。当我们知道其中的一些原因后，就可以自我防备，不会让自己的行为上心理和情绪的当，平添生活的压力和苦恼，破坏自己经营多年的婚姻。

很多女人到了中年，开始对自己的魅力失去自信，总是担心丈夫不爱自己，离自己远去，于是开始对丈夫行为的蛛丝马迹过于关注，而且对丈夫的某些行为产生怀疑，她们会采取翻看对方的手机，窃听电话、跟踪、录音、录像等方式，总想找到对方外遇的证据。没找到，就会忧心忡忡；找到了，则更加痛苦。如果这些做法曝光，被怀疑的一方会因不被信任而愤怒，甚至由此提出离婚，使婚姻走向彻底崩溃。一位中年女士，家庭生活很富裕，生活无忧。自己的丈夫工作出色，把自家的公司搞得蒸蒸日上。然而丈夫的工作越来越忙，开始让这位女士常常感到寂寞。尤其孩子上大学后，更让她觉得孤独。一天她一人在家里看电视，突然想到，丈夫天天不回家吃饭，回来得那么晚，有时连句话也不想多说，是不是他外面有情人了？于是她开始寻找机会查看丈夫的手机，在丈夫的手包里、衣兜里翻找证据，结果什么也没有找到。然而越找不到她就越是怀疑，觉得丈夫一定是小心地把痕迹都隐藏起来了。她不甘心，请了私人侦探查找丈夫的踪迹，被丈夫察觉到了。她的丈夫非常气愤，觉得夫妻之间不信任到了这个地步，还怎么生活在一起呢？于是向她提出离婚。

夫妻间失去信任确实是令人愤怒和失望的事情，尤其当这种不信任是基于一方的主观想象时。

2. 中年人都会遇到的家庭结构改变

在婚姻生活中，婚姻过不了几年就会被新降生的生命打破"两人世界"的格局。从怀孕到分娩，从换尿布、热牛奶到喂饭、穿衣，从幼儿园接送到上学后检查作业、参加家长会……夫妻间的大部分话题可能都是围绕孩子的。当孩子逐渐长大，总是会离家越来越远，在家的时间越来越少。当孩子上了高中、大学或者工作了，这个家庭就面临重新回归到"二人世界"的局面。这时的"二人世界"不同于"七年之痒"时的"二人世界"了。那时候要"创造二人世界"，目的是让夫妇二人能够"脱离"大家庭的纷扰而有相对独立的时间，增进感情。而此时的"二人世界"又会如何呢？可能很多夫妇都有共同的体会：从原来纷纷扰扰的多个家庭成员一起生活的状态转变成了"二人世界"之后，一时还会觉得不适应。夫妻单独相处的时间多了，却发现相互之间的话题少了，甚至变得无话可说了。这种无话可说让许多夫妻感到尴尬和郁闷，相互间也容易产生误解。无话可说，再加上中年人的心理变化，使当事人常常会误认为两人已经不再相爱、婚姻走到了尽头。

夫妻确实需要对新的"二人世界"有一个适应的过程，需要学习将话题转回到相互的关心和爱意上来，需要重新适应敞开自己的心扉，向对方真诚表达自己对对方的情感和爱意，并同样真诚地接纳对方,重温夫妻的亲密与浪漫。婚姻关系和谐的夫妻在谈到这个经历时,经常用"这是我们第二个新婚期""有着生涩而甜蜜的幸福"来形容。

3. 工作压力如何缓解

中年人是社会的栋梁,也是单位的骨干,担子重,压力大,在与年轻人共同工作时的力不从心,使他们的压力陡增。压力总需要一个缓解的渠道。许多男人大都不愿将烦心事带回家,可能会采取一些方式去释放压力,比如:运动、会友、喝酒、吃饭、找红颜知己诉说等。以上这些方式确实都是很好的排解压力的方式,但是处理不好就会引发夫妻间的矛盾冲突。频繁的运动、会友、喝酒、吃饭,会减少与配偶共处的时间,使对方感到孤独、寂寞,也会使夫妻二人逐渐疏远。找红颜知己聊天、诉说也能减轻自己的压力、缓解焦虑,但是接触多了,难免会因日久生情而带来麻烦,危及自己的婚姻。

其实在良好的夫妻关系中,有些压力是可以在家庭中得到缓解的。人们说不把工作带回家,指的是不把负面情绪带回家,以避免夫妻误解,引发婚姻危机。假如家庭是个安全的温柔乡,夫妻能够相互理解、接纳,压力带回家又有何妨?将工作中的压力、委屈向自己的配偶倾诉,得到配偶的理解和安慰,不仅能够缓解自己的心理压力,还能够起到增进夫妻感情的作用。当然,这样的相伴和倾诉必须由彼此创立条件,要相互尊重、理解、接纳,要学会共情,要为彼此留有空间,让对方真正感受到理解、共通、安全和爱意，才能在解决压力的同时增进感情。

运动不仅能锻炼身体，还能激发人的积极情绪。夫妻在一起运动不仅能增加相伴的时间，还能促进二人世界的回归。有些男人不愿意将工作中的压力和烦恼讲给妻子听，是不希望给妻子压力或害怕影响自己在妻子心目中的形象。夫妻是在一叶方舟上生死与共的伴侣，能与对方共同承担疾苦会让双方产生一种神圣的亲密感，不愿让妻子同担压力也许会在无形中剥夺她"与丈夫同甘共苦"的需求。有"害怕影响自己在妻子心目中的形象"想法的男人，一方面需要检视自己的自信心是否出了问题，另一方面他的妻子也要检视自己是否给了自己丈夫不良的信息——我对你的爱是有条件的。若希望丈夫在自己面前坦诚，就要真心地爱他，而不只是满足自己的需求和欲望。

4. 中年女性的生理变化

中年婚姻还会遭受因女性更年期的生理变化所带来的影响。女人到了更年期，由于激素水平的变化，会使女性的身体产生许多不适的感觉，甚至引起一些性格上的变化，如焦躁、多疑、抑郁、情绪容易激动等。这些症状一般通过药物治疗是可以得到缓解的。但是有时人们往往会忽略人体本身的生理变化，尤其当月经没有明显变化的时候更容易忽略。职场女性因压力增加，更年期可能会提前并持续更长时间，一些女性在35岁到55岁都有可能出现更年期症状。这就需要引起进入中年的女性的高度重视，需要意识到自己身体的变化，积极应对生理变化所带来的相关问题，避免因自己的生理改变而影响与丈夫的关系，避免引发婚姻危机。而作为丈夫，要多关心处于这个年龄阶段的妻子，如果发现妻子情绪性格有所改变，要意识到可能是生理发生变化的缘故，要提醒妻子就医，不要误认为是妻子变得"不可理喻"。有一位音乐家，他有许多学生，每当学生到他家上课的时候，他的妻子就总是偷窥，疑神疑鬼，甚至在学生走后与他吵架，发展严重时会干扰他上课，使他极为恼怒。本来妻子是个贤惠、通情达理的人，他不知道从什么时候起妻子变得这样疑心重重，这样不可理喻。后来因妻子使他无法工作，他就与妻子离婚了。后经他人介绍又进入第二次婚姻，婚后因妻子与前妻的长子很难相处，经常闹矛盾，让他的晚年生活极不安宁，他不到70岁便因病离开了人世。假如这个音乐家懂得前妻当时的表现可能源于生理变化所带来的问题，能够引导妻子积极治疗，进行心理疏导，也许就能大大改善其前妻的症状，那么后面的问题可能就不会发生，这个音乐家也许会有一个幸福的晚年生活。

5. 给中年夫妇的忠告与建议

中年夫妻怎样相处才能保持婚姻的稳定和活力呢？我给中年夫妇的忠告和建议就是：继续努力！

（1）相互的尊重、信任和关心是夫妻相处的基本原则。

相互尊重首先要相互理解。共同生活了十几年，对对方的个性都有了不少的了解,夫妻双方更要尊重对方的为人处事和行为习惯。相互尊重的另一个层面就是"己所不欲,勿施于人"。自己不喜欢听什么话,也就不要对对方说什么话;自己不爱做的事,也就不要要求对方去做。这里大概也可以用上"人同此心,心同此理"这句话吧,因此双方一定要能够换位思考,多体会对方的感受。在体会对方的感受之后所发出的语言信息和行为信息就更容易使对方感受亲切和温暖。

中年夫妻特别需要相互的信任,而此时的不信任大多来源于自己的不自信,感到自己开始走下坡路,不再有魅力吸引对方,担心对方不再爱自己。

适时沟通才能促进相互了解,才能真正满足对方的需求。如果人们只关心自己,只关注自己的需求满足,不断地权衡自己的得失,就会使夫妻离心离德,引起无端的矛盾。

(2)有效的沟通是夫妻相处的基本法则。

人情绪的激发从表面看是某一事件引起的,其实这一事件很可能仅仅是导火线,背后存在着许多可能的因素:认知的、情感的、人际交往的……同时还可能存在生理上的一些问题。因此当情绪发生时,不能单一地认为就是这个事件本身造成的,而要平心静气地了解产生情绪的真正原因,有的放矢地解决,才能避免误解,达到预想的效果。情绪发生的真正原因是什么,就需要通过沟通来了解,只有有效的沟通才能了解情绪产生的真正原因。有位进入中年的女性跟我诉说,丈夫工作忙,还要学习,本来与家人相处的时间就少,还经常与朋友聚会、吃饭。她担心丈夫有了外遇,也恨丈夫对家庭"不上心"。我建议她把自己的感受向丈夫表达出来,让丈夫了解她的感受。她听取了我的建议向丈夫表达了,说到动情处还激动得哭了。因为她的坦诚,丈夫也向她说了自己的心里话。丈夫说他自己最近两年工作不顺,没挣着钱,家里的经济来源主要靠妻子,他觉得很对不住妻子和家庭,一心要努力改变局面,为家做贡献。因此他想多开拓关系,扩大业务范围,才不断与朋友碰面、聚会、吃饭、聊天。正是因为这种默默干出成绩的决心,所以他不愿把每次聚会的目的和对象跟妻子讲得很清楚,而妻子自然会不理解丈夫的表现,继而产生误会。当进行了有效沟通,把话讲开了,双方就清楚了彼此的想法、情感和行为,最后不仅消除了误会,而且还增进了夫妻感情。

也有人说,他们夫妻之间也经常沟通,但还是解决不了问题。这就是我说的沟通是否有效的问题。有效沟通的第一个关键是需要真诚的表达。真诚就是不隐晦,不含沙射影、旁敲侧击,不试探,也不含糊其词。很多人觉得直白的表达显得自己缺乏涵养或是怕引起冲突。还有一些人希望对方能够理解自己含混表达中的"深意",从而体味到"心心相印"的感觉。事实上,此种表达是不恰当的交流方式,不能让对方明确地知道自己的意思,甚至还会产生误解,产生适得其反的效果。另外,在表述时切记不要用"你"开头,而要用"我"开头。用"你"

这个词，让人感觉有指责的意思，对方就很难怀着同理心去倾听表达的内容了。

有效沟通的第二个关键是积极倾听。所谓积极就是要真心诚意地想听、全神贯注地去听对方的讲述，对方就会感到被尊重、被关注。一个人在与他人交流时，往往是为了分享自己的感受，并不一定是想解决什么问题，但人们常常没有意识到这一点。所以当对方跟自己诉说时，自己就总想听出对方有什么问题需要帮助解决，或是以为对方在解释什么来开脱自己，这样的沟通必定不会通畅，达不到良好沟通的效果。

有效沟通的第三个关键是反馈。所谓恰当反馈就是让对方知道你听见了、理解了，并表示同情，心理学中这叫作"共情"。共情是一个非常重要的环节，只有共情，对方才会感到被理解，才会促进沟通的继续进行并创造和谐的沟通氛围。这样的沟通才会有效。假如听者急着给对方"解决问题"，很可能会"所答非所问"；假如听者急忙解释自己的情况，会让对方感到不理解，不搭调，同时还会使矛盾升级，甚至激化矛盾。无论是什么情况下的沟通，听者的反馈一定要是"共情"的话语。这里要说明的是，"共情"并不一定是意见一致，而是表示理解对方的感受，使对方感到被理解和被接纳，这样对方的情绪就会稳定下来，也会在无形中增进夫妻间的感情。夫妻在这样的基础上讨论问题、解决问题，就会通畅而有效。

在沟通中，还需要注意的是不"戴帽子"、不评价、不挖苦讥讽。夫妻相处已久，相互的了解比较多，在沟通中容易戴着"有色眼镜"来看对方，戴着"声音过滤器"来听对方，结果必会出现差错。戴了"声音过滤器"，听到的声音就会变调。比如，你认为妻子是一个对钱很在乎的人，当你提出拿钱去孝敬父母时，妻子提出了不同意见，理由是家里其他地方需要用钱。因为你已经有了对妻子"太在乎钱"的看法，就会轻易下结论，认为是由于她小气才不愿意拿钱孝敬父母，而忽略了她对家庭经济的安排。本来两人通过商量可以解决的问题，由于那个"帽子"引起自己内心的不满，于是两人争执起来，结果不欢而散，问题没得到解决还伤了双方的感情。因此，夫妻在沟通时一定要放下所有的评价和顾虑，全心地投入相互坦诚的表达和理解中，这样才能使沟通有效而通畅。挖苦、讥讽是沟通交流中极不好的表达方式，不仅对于两人的沟通有害，还会破坏人与人之间的关系。

（3）和谐的性生活是夫妻保持良好关系的润滑剂。

和谐的性生活是中年婚姻生活的润滑剂，它会给平静的中年婚姻带来活力。中年时期，人的心理压力很大，再加上年龄造成的生理变化，就有可能会出现夫妻性生活的不和谐。另外，人性中的喜新厌旧性以及长期共同生活带来的疲劳感，可能会引发性疲劳。还有，中年女性因完成了抚育孩子的任务，减轻了负担，对性也开始放得开了，所以对性的需求会有所增加。这就是中年夫妻在性生活上的矛盾。出现了这种不和谐，女性不要因男性在这个年龄的身体疲劳而不愉快或是胡思乱想。其实这个不愉快可能也有女性自身的原因。一些中年女性往往因年龄增长而对自己的吸引力感到不自信,或是误认为"性趣"等于爱情。出现性不和谐时切忌相互埋怨,疑神疑鬼,需要调整频率、方法和环境,增进真诚的交流。

性生活确实可以增进感情与亲密感,但性绝不等同于爱,而夫妻的亲密行为也不只是性行为,拥抱、亲吻、抚摸等都是一种爱的表示,同时也可以激发性的激情。解决中年的性生活不和谐,夫妻间必须要有良好的沟通。沟通可以使夫妻之间的性生活更成熟,能使性生活变得更有情趣,从而使婚姻生活变得更加多姿多彩。一个人具有的活力可以激发对方由爱恋而产生的激情,此外,创造放松的环境,也是促进性爱的好办法。比如两人在旅游途中就比较容易体验到爱的浪漫。旅游可以激发人的活力,同时又具备了最为放松的环境。

(4)向你的配偶表达爱意是永远有必要的。

结婚多年,夫妻往往会忽略向对方表达自己的爱意。"都老夫老妻了,还说什么爱呀情呀的"。可是从人的心理需求来讲,人是需要得到爱的信息的。这样的信息会使人愉快、欣慰。尤其人到中年以后,随着年龄的增长,自信心会开始下降,自卑心理会逐渐上升,在婚姻中就更需要得到被爱的信息。真爱并不是天天把"我爱你"挂在嘴边,而是用自己真诚的行动来表示"我爱你"。这需要认真去了解自己的配偶真正需要的是什么，而不是自己认为对方需要什么。

比如，有些妻子废寝忘食、舍弃自我地努力为丈夫服务，但是丈夫并不认为这些是妻子在表达对自己的爱意，甚至认为这是妻子应该做的。丈夫可能需要的是他生命中这个最重要的人对他的认可，认为妻子对自己的赞扬才是妻子对自己的爱。

一个丈夫为了让妻子过好日子而拼命地工作赚钱，妻子却整天处在忧郁中，她觉得丈夫根本不关心她的感受。妻子更需要的是丈夫愿意跟她在一起，与她分享快乐和忧愁。

有的妻子希望每天上班前下班后丈夫都能亲她一下，她就会感到心满意足了——她以此来体会丈夫的爱意。而丈夫却觉得整天都睡在一起，亲吻实在多余。如果不交流，他永远也不知道妻子需要这样的爱的表达。

丈夫出差回来给妻子带回了礼物，妻子高兴极了，让她高兴的不是礼物的价值，而是丈夫出差那么忙还时时惦记着自己。她为被爱而高兴。劳累的丈夫在回家的路上，想到整洁的居室，温热的洗澡水会闭目微笑，因为他体验到了妻子的浓浓爱意。

爱的表达可以是肯定的语言，也可以是安排好的共处的时间，当然这里指的相处绝不是各干各的，而是在一起共同活动或是能够静下心来倾听配偶的心声，分享快乐与悲伤。但是所有这些表达方式，在人的心中的重要程度不同，这就需要夫妻去体察，然后按照配偶的需求，表达对他的浓浓爱意，增进夫妻情感。

（5）适应多重角色是发展夫妻关系的更高要求。

刚刚结婚时，夫妻就仅仅是夫妻，丈夫就是丈夫，妻子就是妻子。但在婚姻的长河中，在夫妻共同生活、相互满足对方需求的过程中，夫妻不知不觉开始扮演起不同的角色。当对方遇到了重大挫折时，配偶就会像父亲或母亲一样给予安慰、包容；在压力重重需要放松时，夫妻会像兄弟姐妹一样愉快地相处；当内心纠缠不清，痛苦不堪时，配偶又会像知心朋友抚平对方的创伤；当对方感觉强大，想将爱和保护欲施与他人时，配偶就会以儿女般的可爱呈现在面前。

在婚姻生活中夫妻都在自觉不自觉地扮演着多重角色，以满足自己配偶的心理需求。当某种需求在婚姻内得不到满足时，人们会不断地寻求满足，甚至会不自觉地到婚姻外去寻找，或无意中在婚外获得满足。这种寻找和满足对婚姻是一种危险。因为在寻求、满足的过程中难免会发生情感，并因此危及婚姻。人们常说：幸福的婚姻需要用心经营。经营什么，怎样经营？就是要不断地了解自己配偶的需求，并尽量满足对方；同时为了自己的婚姻幸福，要防止夫妻双方在婚外寻求心理满足。有人说"婚姻好累呀，还需要扮演这么多角色，我扮得过来吗？""人生如戏"，但是生活绝不是演戏，只要人们真心地爱着自己的伴侣，希望自己能够给他幸福和快乐，自然而然地就扮演了对方需要的多重角色。因为不是刻意那样做，所以也就不会觉得累。

许多中年男性愿意用"亲情"来形容中年婚姻的夫妻关系，而他们的妻子大都不愿接受这个描述夫妻关系的词。她们认为这段自己倾注了全部心血和情感的关系，怎么就成了与父母、兄弟姐妹、子女一样的关系了呢？难道人到中年竟然连爱情都失去了吗？

其实夫妻之间的爱情是不能够以亲情代替的。

爱情是分为三个部分的：激情、奉献和承诺。当夫妻到了中年，激情可能减少了许多，但奉献和承诺是不变的。只要夫妻间的奉献和承诺没有改变，夫妻间的情感就不能被一般的亲情所替代。

另外，结婚后夫妻相互的责任是第一位的。从责任这个角度来说，夫妻感情也不同于其他的亲情关系。我的很多近五十岁的中年朋友跟我说：到了中年，夫妻之间真的谈不上什么爱不爱了，也就是一种习惯。周而复始，一天天就这么过下来了。这些说法，听起来似乎有一定"道理"，但是有两件事让我改变了对这种说法的认同。第一件事是有个熟人跟我聊天时说，在她丈夫确诊为癌症前，她一直在考虑要不要离婚，但是在自己丈夫确诊患了癌症后她反而不再去思考离婚的问题了。第二件事是另一个熟人告诉我说在她丈夫情绪过于激动时差点用刀砍了她，她感到特别伤心和失落，认为做了这么多的努力和舍弃，本觉得两人相亲相爱，结果却是这样的，特想离开她的丈夫。当她说起离开丈夫自己唯一的担心就是"怕丈夫受不了"。说到此，她自己的眼泪竟忍不住哗哗地流淌下来——她终于了解了自己的心：无论发生什么她都不可能离开丈夫，因为她爱他胜过自己。但是当没有发生"大"事情时，人们都是会觉得中年的夫妻已经没有了爱情呢？我想，这可能就像面临外敌侵犯时就会一致对外一样。平时没有威胁时人们往往会计较自己个人的得失，不再关注两人是否还相互地爱着对方，而当婚姻真的遭受威胁时，夫妻就会放弃自己的需求，去维护共同的婚姻，显现出爱的真实存在。

那么为什么有人这么赞同中年夫妻如亲人这样的比喻呢？

曾经有个男士向我讲述了他的感受。他说，当一个男人年轻时和女人在一起，更多的是为了有趣。女人给他带来了许多神秘和乐趣。年轻女人的小鸟依人给了男人一种自信。但随着女人的生儿育女和持家操劳，她们逐渐变得成熟、宽容和坚强。男人在外面拼搏的劳累、挫伤可以在自己女人那里得到抚慰和修整，从此男人从被女人依靠逐渐转变为依靠女人，因此在内心深处，男人会感到自己的妻子更像姐姐、妈妈。我想，给了丈夫这样感受的女人应该感到自豪。

汉字中的"安"字，是房檐底下一个"女"字，很有意思，意味着家里有女人才能安全、安定。孩子感受的也是"宁要坐炕的娘，不要当官的爹"。从中可以体会到女人在家庭生活中是不可缺少的，是起主导作用的。这可能与人类进化中保留的动物本性有关：自然界雄性动物的任务是保护雌性动物及幼仔并繁衍后代,而雌性动物的任务是养育后代,守护居所。相较而言,女性善于管理,男性善于竞争。有人可能会问,不是提倡男女平等吗?现代社会提倡的男女平等指的是人格上的平等,无论是男人还是女人都需要得到尊重和自重,并不是从形式上要求男人干女人的事情,女人干男人的事情。在社会分工上,男女可以有所侧重,其中包括家务分工,每个人都可以偏重自己擅长的工作。因此我认为,成功女人的标志不一定是在事业上有所成就,假如一个女人真正管理好了一个家庭,使所有的家庭成员都感到温馨安全,每个家庭成员都能健康发展,让这个家庭既是每个成员成长的良好环境,又是其停泊、栖息的温暖港湾,那么这个女人就是一个当之无愧的成功者。

五、相依为伴的老年婚姻

夫妻到了退休年龄的时候,婚姻也就进入了老年婚姻阶段。当人们看到夕阳西下、红霞满天的美景时,就常会联想到美满的老年生活。一对夫妻经过甜美的相恋、青涩的初婚、忙忙碌碌而又充满爱意的中年之后,步入老年阶段,这是人生周期中的又一个多彩的时期。为了让这个时期多些美丽的色彩,少些暗淡的光影,即使是经验丰富的老夫老妻们也需要学习一些老年婚姻的知识,增长提高老年婚姻生活质量的技能,这样就一定能帮助进入老年婚姻的人们实现"有个安享晚年"的梦想。

1. 老年生活的心理适应非常重要

进入老年生活初期，正是夫妻双方开始退休生活的阶段。努力奋斗、轰轰烈烈的工作生涯结束了，夫妻又彻底回到了共同创建的这个家庭港湾。这里没有了每天变换的工作内容，也没有名誉、地位和利益的竞争，更没有了组织纪律、规章制度的约束，有的就是与共同生活了30多年的那个人，有的就是锅碗瓢盆、油盐酱醋、一日三餐的生活，有的就是那百十平方米的客厅、卧室、厨房……

当一个人从中流砥柱的位置退回到悠闲的普通人，每天面对的人和事都发生了很大变化。大部分人一定会有明显的失落感，觉得自己失去了以往所具有的社会价值，情绪可能会烦躁不安，也可能会低沉抑郁。这样的情绪可能会以某一种形式表现在日常生活中的态度和行为上，波及配偶，影响夫妻关系。这就成了老年婚姻中的一大问题，也正是这个原因导致了日本退休老人中有很多夫妻选择了离婚。因为日本男人都是在外面工作，而妻子很多则在家抚育子女、料理家务，丈夫早晨很早出门，工作完了还有社交应酬，很晚才回家，睡一觉又走了。如此日复一日，年复一年。当丈夫退休回家，两人四目相对、朝夕厮守，双方都觉得很不适应，如果没有一个很好的心理辅导和自我调节，逃出"围城"就成了很多夫妻的选择。

我国很多选择离婚的老年人都说自己离婚的原因是"性格不合"。其实，在很大程度上这些老年夫妻走向离婚的原因是由于年轻和中年时期就缺乏有效的沟通和磨合,他们在社会环境和家庭的影响下一直忍耐着"凑合过",而当社会变得开明、宽容,子女成人独立之后,他们就不愿继续选择"搭伴儿过日子"了,决心"为自己活一回"。我完全相信,在选择离婚的老年人中,如果能够进行一些婚姻指导,帮助他们做好心理调适,使他们提高对老年婚姻的认知,提高对老年婚姻的心理适应度,一定会有很大一部分人放弃离婚的。因为老年夫妻毕竟有几十年风雨同舟的经历,还有子女的牵绊和早已形成的社会关系,只要能够做出一些调适并增强相互适应之后,继续在婚姻中磨合并增进感情是有基础的。

我们现在把那些不适应退休生活的人的表现称为"退休综合征"。对这样的一些人(当然主要是男性)社区应该给予关怀和帮助,帮助他们转变角色,逐渐达到心理适应,如为退休回家的人员组织一些活动,帮助退休人员尽早适应退休后的生活、重新建立适合自己的快乐生活方式、发现各自在工作之外的新天地、发现自己的能力和爱好。而几十年朝夕相处后,夫妻更能理解彼此的心理状态,是彼此最好的帮助者和支持者。所以夫妻需要更多的宽容和理解,应采取恰当的方法帮助对方尽快从退休的失落感中走出来,适应新的生活。如果说一个刚刚进入退休生活的人面临许多不适应的话,心理的不适应是最主要的。因为他们离开了自己熟悉的工作,离开了熟悉的工作环境,离开了熟悉的同事,生活从忙忙碌碌一下子变成了"无所事事"。这种情况下任何人都会有一些不适应的,只是往往男性比女性更甚而已。因此,对于老年婚姻来讲,夫妻应相互理解退休后的心理变化,和对方一起共同制定退休后的生活日程,为日常生活增加情趣;还要一边让工作中所掌握的技能在家庭生活中发挥新的作用,一边有意地培养自己新的兴趣爱好,开辟新的活动天地。经过这样的一系列调适,心理的不适应会逐渐减少。

2. 老年夫妻的相处之道

老年夫妻的情感维系主要靠两个人长期建立起来的联盟精神,因此更需要彼此的沟通和理解,减少误会,并努力学习老年夫妻生活的相关知识,共同面对老年生活带来的新问题。

没有建立起良好关系的老年夫妻,他们的矛盾可能有着几十年的积累。比如,初婚时认为的"上当受骗"、孕产期因没有得到安慰而产生的怨恨、中年时期种种未解的冲突等,均会再次造成婚姻的危机。

在老年生活中,夫妻在共同面对和解决问题时,也会引发出他们已有的一些矛盾和恩怨。如财产使用、住房改变、生活安排等,都会无意中将原有的对对方的成见或情绪激发出来,成为新的矛盾焦点。一个朋友向我倾诉对自己母亲的反感时说:她的父亲已经80多岁了,生病卧床,可是她的母亲非但不关心她的父亲,而且还舍不得花钱给他买东西。她说她很反感母亲的这种没有感情、视钱如命的表现。她想劝说母亲为父亲买一个新的床垫，可又不愿面对这个让她反感的母亲。我详细询问相关情况后得知，她母亲一生的婚姻生活并不愉快。母亲在其原生家庭中是一家上下娇宠着的老小。母亲与父亲结婚后才知道父亲不仅结过婚，而且还有一个孩子。父亲出于对妻子的爱和歉疚，在日常生活中承担了许多家务，但是母亲还是经常哼哼唧唧地寻求父亲的关注。这说明父亲的付出并没有使母亲感到被爱，也没有体会到父亲对隐瞒婚史的歉疚，母亲在婚姻中一直处在不安全的状态之中。而父亲完全承担了家务，使本来就比较以自我为中心的母亲没有在婚姻中得到心理的成长，她只关注自己的需求，而没有真正承担起一个妻子应该承担的义务。到了老年，丈夫病倒了，她失去了依靠，就更加感到不安全，而实实在在的钱就成了唯一让她感到踏实的实物。这位母亲在婚姻中没有真正成长为一个妻子，她一直是一个被娇宠出来的总感到不安全、只关注自己的"女孩"。因此，即使到了老年，她也不能主动地承担一个妻子应尽的义务。其实并非这位母亲不好，而是这对夫妻长期一起互动的结果。

这个案例可以使人们反思：人在年轻时不重视解决婚姻中的问题，可能在老年时这些问题还会来惩罚自己。如果人们想拥有幸福的晚年婚姻生活，就需要在婚姻的开始及其整个发展过程中努力维护双方的情感，重视对方的感受，处理好婚姻中的矛盾冲突。看到这里有人会说，结婚好累呀！其实只要是人，就不可能不与他人产生情感，即使不结婚，也同样需要与他人相处。只要与人相处就会有甜蜜也会有苦涩,有和谐也会有矛盾和冲突。夫妻相处也是人际交往的一种形式,它区别于一般人际交往的地方就是,有着亲密关系、奉献及承诺。只要以爱心对待,面对矛盾有一定的思想准备、良好的心态,就不会感到婚姻很累。有个年轻人跟我说:"婚姻太难了,如果能找到一个人跟我结婚,和平相处,不要有那么多的要求,那该多好。"但是,需要爱、需要安全、需要自己在乎的人的认同,这些都是人的本性,而且必须是通过相互给予才能得到。所以,如果你不想给对方爱,对方也不会给你所需要的爱。在一个婚姻中,没有相互的给予和为对方做出的舍弃,就不可能有所谓的"和平相处"。其实,人的一生总会出现阶段性的劳累,不结婚仍然会出现由其他经历引起的疲劳。爱情如果没有婚姻就不会有结果。婚姻带给人们的不仅是一段重要的、更加丰富多彩的情感生活,它还会使双方的人格在爱的驱使下得到提升。人们可以在婚姻中收获情感的归属,得到一个知己、疼爱自己的老伴儿。人们常说老年幸福,才是人生最好的结局。要得到老年的幸福,其中不可或缺的就是要有一个知心的伴侣与自己相伴终身。

随着年龄的增长,老年夫妻间的差距可能会越来越大。如在身体方面,可能出现耳背、视力减退、膝关节病变、运动能力降低、行动不便或反应迟钝、记忆力减退等,这就需要相对较健康的一方去适应对方的变化,给对方理解和帮助。随着年龄的增长,人在精神和性格方面也会有逐渐出现的、并不明显的变化，如果夫妻双方对这些变化没有预判和认知就很容易发生误解。比如，妻子让丈夫什么时间去完成什么事情，丈夫忘记了，妻子就很容易认为丈夫不重视自己，就会不高兴。这样的事情多次发生后，说不定就会发生不愉快。类似这样的问题在老年生活中很常见。其实随着人的衰老，人在注意力、记忆力、听力、活动的灵活性等方面都会发生一定的变化，进而给生活带来一些麻烦，但并不会带来太大的问题，因为这种变化是逐渐产生的，因此人们常常意识不到这种变化，而误以为对方是"不专心""不用心""不小心""不配合""不重视""找借口""故意的""假装的""存心跟我作对"……这样的误解，很容易引发不满、唠叨、埋怨、争执，影响夫妻关系。其实，只要老年夫妻对这些问题有认知，注意变化，给予理解和帮助，就不会因此而引发夫妻矛盾。

在老年夫妻中，身体衰老较快或者表现明显的一方是不可能通过自己的努力去彻底改变这种状况的，所以相对健康的一方应该多给老伴儿一些理解、接纳，才能维护和谐的关系。同样，疾病肯定会使夫妻中的一方成为被照顾的对象，而另一方不能得到这一方同样的照顾。这是人生这一阶段的现实状况，需要老年夫妻做好思想准备。只要曾经拥有的爱是坚实的，那么这样的付出和给予就会是爱的延续。我有一对70多岁的老夫妻邻居，丈夫家有一种先天遗传病，其家族中的男性一般到了60岁就会发病。这家的老先生也在60多岁时发病了，生活完全不能自理，走路歪歪斜斜，吃饭常常吃得满脸满地都是，还常常摔坏盘碗。他的妻子十年如一日地照顾着他。每次在院子里见到他们俩散步，老先生都是干干净净的，妻子寸步不离地跟在他的左右。虽然老先生吃饭很困难，但自己仍然坚持自理，当饭碗被打翻在地，妻子从不指责老先生，而是很麻利地收拾好，还会安慰老先生。她一人忙里忙外，但总是乐呵呵的。我想她的丈夫一定非常享受妻子给予他的这份爱意。

老年夫妻性需求的改变也存在着差异，需要双方协调适应。从中年后期开始，人对性需求的满足就不只是生理上的了，更追求心理上的满足。如相互的搂抱、亲吻、抚摸，以这些动作表达相互的亲热、兴趣就足以得到满足。老年夫妻需要打破一些陈旧观念，不要吝啬自己的亲热行为，应该把爱传递给相濡以沫的至亲老伴儿。

老年夫妻不仅要保持和谐亲密，还仍需要保持个人的独立性，比如，可以根据各人的不同兴趣爱好安排一定的时间独自活动。男人爱下棋、女人爱跳舞，各得其所。活动会增加个人的愉悦感。还可以每过一段时间就分开活动，如各自参加自己单位组织的外出旅游，或参加老年兴趣学习班，或各自回老家看望亲戚朋友等，有分有合。夫妻一起活动能够增进感情，寻找到更多的共同语言和共同乐趣，使家庭生活更有趣味，使夫妻关系得到发展；分开的独立活动可以使双方感到另一种轻松，并改变常规的家庭活动模式，使生活变得更丰富，使人活跃起来，等夫妻俩在一起时就有了更多话题可以交流。这样的独立活动不仅不会减弱夫妻间的美好感觉，还会促进夫妻间的和谐相处。

3. 老年人的再婚问题

老年婚姻是婚姻周期的结束期。谈到老年婚姻就必然要涉及丧偶问题。这是个不怎么愉快但是每个人必然会经历的过程，是婚姻周期最后一个阶段的必然结局。因此，老年婚姻中的双方必须有老伴逝去的准备。比如可以一起讨论自己走后的一些想法和要求，如果认为必要甚至可以写下遗书，在平常的生活中还可以有意识地安排一个人短期离家外出或旅游，让另一方练习自己单独生活。老年人要积极地正视生、老、病、死的自然规律，让双方都有一定心理准备，这样当事情真正发生时，活着的一方遭受的创伤就会轻一些，会较容易适应一个人的生活。这种准备的过程也充分体现了夫妻相爱的程度。即使自己离去也要安排好老伴的余生生活，这是深爱的体现。

失去伴侣后，必然会感到孤独，难以面对独自的生活，所以有些人很希望再找一个生活伴侣。有个伴侣、有个家是一个非常好的愿望，但是再婚是否能够满足这个良好愿望，就需要谨慎而为。老年人与年轻人不一样，老年人有子女，有自己几十年的特殊经历，因此有太多的过去会影响未来。因此老年再婚更需要的是理性而非感性，否则不仅找不到幸福，反而还可能会失去自己拥有的平静生活。

再婚时找什么样的人很重要。首先两个人要相互喜欢，性格相合，这是婚后幸福的基础。对方在个性上最好要比较开朗、宽容，因为老年夫妻之间更需要相互接纳，开朗而宽容的人对配偶的一些行为习惯更能够包容。在这点上老年婚姻与年轻人的婚姻不同，因为年轻人的可塑性较大，相互适应比较容易，而人到老年，个性和习惯都已经比较固定，磨合起来就比较困难。另外，老年再婚，双方客观条件的复杂也会给婚姻带来一些困难。比如婚前婚后财物的处理、如何与双方儿女相处等问题，都会直接影响老人再婚的成功率。

婚姻的建立是老人自己的事情，其他人（包括子女）都应该尊重他们本人的意愿。但是老年人因其社会属性强，许多事情身不由己，完全超脱也不太现实。准备再婚的老人必须具备处理和解决自己婚姻问题的能力，并在再婚之前处理好自己的亲情、财产问题，并尽量能在婚前就对婚后的经济生活做出适当安排。不处理好这些问题就仓促结婚会让美好的愿望化作痛苦和烦恼，带来巨大的伤害。因此建议准备再婚的老年人应在婚前敞开心扉把这些实际问题摊开在桌面上讨论，在双方的意见统一后，再分别向各自的子女们进行通报，让他们都明了老人的意愿。这样做也是为了让再婚的老人们能够轻松地享受幸福生活，少些麻烦和矛盾。我这里用了"通报"这个词，就是想说明老年人再婚说到底是他们自己的事情，应该由他们自己做出决定，而不应该由儿女来左右。之所以还要经过向原有家庭内部的"通报"这个步骤，一方面是为了表示对儿女们的尊重，另一方面也是为了得到儿女们的理解和支持，减少婚后可能出现的矛盾。

目前也有相当一部分老年人采用了同居的形式来满足爱与被爱的需要。两人生活在一起，有了归属感，精神上感到充实，有助于身体健康。两个人生活在一起，还可以减少经济开支和子女在生活上照顾的负担。而且同居不牵扯财产问题，这就使问题简单了许多。同居不像婚姻有责任的约束，假如两人感到相处不合，还可以轻松分手。

当然，每件事都是有利必有弊的。结婚和同居对老年人来说同样利弊参半，这就需要老年人自己根据具体情况和条件慎重权衡，做出正确的抉择，让自己的晚年生活平静、安乐、幸福。

婚姻是人生中的一个长期过程，婚姻的各个阶段环环相扣，脉络相通。前一个阶段是后一个阶段的基础，前一个阶段和谐与美好，就会为下一个阶段奠定良好的基础。比如：婚前的充分准备可以让初婚期过得顺畅，减少相互的不适应，也能预防生育期的矛盾和问题；初婚期的良好适应可以减少瓶颈期的困惑；瓶颈期的顺利度过必将促进中年婚姻的和谐；中年的和谐生活也必定能增进老年期的恩爱。这样的婚姻过程就一定是稳定的和美满的。如果情况相反，前一阶段的不足往往就会为后一阶段婚姻中的问题埋下"伏笔"。如果在后阶段还是解决不好，就会继续影响再后一个阶段的婚姻质量。因此，不管是处在哪个婚姻阶段，都一定要对所处阶段婚姻的特点有所认知，要对感情精心培育、细心呵护，这样才能促进婚姻关系的良性循环，使夫妻双方尽享婚姻的美好和家庭生活的温馨。

下篇
危机与化解篇

　　人们在结婚时都希望婚姻带给自己幸福和快乐，无论在结婚时情况如何，都认为在结婚后一定会更好。因为每一对相爱的恋人都对未来的婚姻生活充满了美好希望。

　　然而，一些夫妻却经历着漫长的婚姻下坡路，他们很长时间都生活在摩擦、彷徨、痛苦和挫折感中。对于一桩不幸的婚姻，人们最常见的反应就是退缩，比如，对婚姻中的难题不处理，回避矛盾；或是迁就对方，期盼问题会自行消失；要不就是以否认和拒绝的态度面对婚姻的现实，假装没有看到、没有听到或干脆采取暂时离开的方式。这些做法实质上都是退缩的表现，会使问题更加严重。正确的办法应该是正视婚姻中出现的问题，寻求适合的方法积极地解决婚姻危机。

第一章

离婚不是解决婚姻危机的第一选择

离婚是婚姻关系的结束，是不良婚姻导致的最终结果。我们常说"矛盾无处不在"，一个独立的人自身还会产生矛盾呢，更何况长期处于婚姻关系中的两个人，哪能不产生矛盾呢？夫妻不仅必然会产生矛盾，而且还会比普通朋友之间产生的矛盾要多，因为夫妻朝夕相处、关系紧密，相处时间长，要处理的事情更多，矛盾也就必然会多。所谓"不良婚姻"最简单的定义就是以离婚而告终的婚姻，但是如果深入地研究和加以分析的话，应该将所有不幸福或者痛苦多于幸福的婚姻都称为"不良婚姻"。那么如何分析"不良婚姻"产生的原因呢？应该说基本是两类情况，一类是结婚时就种下了"不良婚姻"的种子——包括错误的婚姻观、错误的择偶标准等；另一类是在婚姻的过程中由于不良沟通造成矛盾和矛盾的积累使得婚姻生活的烦恼代替了愉悦，痛苦代替了幸福。而当这些婚姻中的矛盾和冲突逐步升级、愈演愈烈，许多夫妻就会认为离婚是脱离"不良婚姻"的唯一出路。然而，离婚果真是解决婚姻危机的最好办法吗？

一、离婚带来的伤害

婚姻的双方都是有情感、有个性、有欲求的人，当他们准备分手时都会引起情感的波澜，即使事情发生在有第三者的人身上也是一样。每个人的配偶是一个一度在生命中深深吸引过自己的人，是一个自己曾经对其饱含温情、倾心爱慕、真诚付出过的人。两个人曾经深深地彼此吸引，也曾发誓要终身在一起，还有着共同生活的经历，甚至共同养育过孩子。这样的感情经历和生活经历使得两个人在决定离婚前的几个月里，内心会有极大的挣扎，经历一个极为痛苦的过程。即使一怒之下办理了离婚手续，这种离婚前的挣扎痛苦也将在离婚后反复经历，甚至这种痛苦的感受可能会持续几年乃至更长时间。离婚带给双方的伤害都是极大的，仅次于丧失亲人。

研究证实，大约有一半的离婚女性和 1/3 的离婚男性经过许多年后还会对原配偶感到怒不可遏，甚至在十年、十五年之后，离婚还会影响到他们生活的重心和情绪。离婚的人中有 1/3 的女性和 1/4 的男性会觉得生活是不公平的、令人失望的、寂寞的。何况在离婚时还要处理孩子、财产等问题，这也会增加对双方的打击和创伤。

婚姻的变故除了会给婚姻双方造成心理和情绪上的打击和

创伤外，还会对双方造成生理和身体上的负面影响。因为离婚是个痛苦的选择，大部分离婚案例还会因经济财产等问题使这一过程复杂而漫长。这样往往会把夫妻双方搞得心力交瘁、疲惫不堪。往往在离婚后会有很长一段时间感觉两胁胀满、食欲不振，还会心悸失眠，出现精力不集中、工作效率降低的情况，甚至还会出现旧病复发、性欲降低等比较严重的健康问题。还有研究表明，经历三次以上婚姻会影响人的寿命，尤其是男人，离婚后会面临更高的心脏病风险。因离婚后的低落情绪会引发酒精摄取过量、饮食不规律、营养缺乏或营养不均衡，这些都会提高患老年疾病的风险，因此寿命可能会缩短。可见离婚的冲击对一个人精神和肉体上的打击有多么严重。

二、想离婚时需要客观评估自己的婚姻

一位结婚七年的女士为自己的婚姻问题挣扎了三年。她觉得过不下去了，就开始着手准备离婚。我问她离婚的决定基于什么，她说因为对方看不起自己。我问她："那他为什么在全家人反对的情况下娶了你？"她说："是呀，我也不知道为什么。"这么重要的问题她都没有搞清楚，就决定要离婚，真是有些唐突。这也是对自己婚姻不负责任的表现。

有位男士对自己妻子十分不满。他整天工作在外，压力颇大，希望回家能够有个整洁清新的环境，让自己能够安静地休息。可是每次回到家里，妻子的无精打采和脏乱的居室都让他

非常烦恼。他总认为妻子没有太多的事情，收拾屋子是应该可以完成的。因此他每每教育妻子，希望让妻子能够认识到整洁的居室对家庭是多么重要，但没有一丝收效。心理咨询师帮他分析了他们的婚姻以及妻子的需求得知，妻子是因为得不到丈夫爱的信息而情绪低落，没有兴趣做家务。从此丈夫开始注意去满足妻子的需求，妻子慢慢发现丈夫其实很爱她，她非常感动，也表达了自己是多么地爱她的丈夫，并且有了活力，把屋子收拾得干干净净。于是，这位男士不仅有了他所需要的整洁惬意的休息环境，也拥有了更加亲密的夫妻关系。

还有一对夫妻，在民政局办离婚手续。工作人员问他们为什么要离婚，妻子说："你问他。"工作人员把脸转向男方，丈夫却说："你还是问她。"结果工作人员还是没能得到清晰的答案，只知道他们俩都说出了一个理由，就是"对方老是跟我吵架"。至于吵架的缘由和主导方，谁也说不清楚。就这样，他们决定选择离婚。

出现婚姻危机时当事人都应该搞清楚婚姻问题产生的真正原因是什么，要找到影响夫妻关系的症结所在。一般来说在夫妻矛盾和婚姻危机方面最容易出现两种不正确的认知，一种就是前面案例中主人公的表现，有的是不了解对方，也没有试图去了解对方，或者是凭自己的猜想，错误地理解对方。有的则不能清楚地总结出婚姻危机的症结是什么，在哪里。对产生婚姻危机的原因不了解，往往是处理不好夫妻关系和产生婚姻危机的重要因素。

在选择离婚的夫妇中，有些人能说出具体的理由，多见的是：经常闹矛盾，三天两头不是吵架就是打架；经济上达不成统一意见；与对方父母有矛盾；怀疑对方有外遇……而有些夫妇则说不出具体的理由，或讲出来的理由很模糊，很笼统，如：性格合不来；一起过得没意思；不想继续过下去了；没有家的感觉……

婚姻矛盾大多来自婚姻双方的"不自知"。很多夫妻不了解婚姻的规律，因此产生了许多矛盾，之后又以自己的见解来定义种种矛盾，最终使矛盾不断升级。另外，在婚姻中有许多矛盾冲突也来自夫妻间的沟通不畅。再有，一方的态度可能会无意中助长另一方的某种不良行为，使另一方变成"不可理喻"的人，从而引发婚姻的种种危机。

为此，当人们面对婚姻危机时，首先需要夫妻双方静下心来，回顾自己从恋爱到婚姻生活的历程，对自己的婚姻做个客观的评价，找到婚姻危机的问题所在，然后双方以真诚的态度去解决，以积极的建设性的行动改善现有的婚姻状况。双方通过学习婚姻知识来增进彼此的理解，了解自我，化解误会；婚姻中的冲突也应通过双方真诚的沟通来化解；在解决婚姻矛盾时双方都需要做出一定的改变、让步。在这一过程中，婚姻的双方无形中都会在做人和人际交往方面得到成长。同时，在解决婚姻危机的过程中，为了爱，不舍不弃，做出自己的努力，这样的真诚也会使对方了解你对他的爱意，必然能增进两个人的感情。这样做，婚姻危机就很有可能迎来转机——由婚姻破裂的危险转变为巩固爱情和婚姻的机会。而离婚应该是改善婚姻关系之路的最后选择。

夫妻双方没有为解除婚姻危机做出最大的努力就采取离婚的手段，是对自己最大的不负责任。双方不付出努力，怎么就能够确定这个婚姻已经死亡了呢？也许经过努力仍无法挽回这段婚姻，但是努力的本身不仅能让自己不后悔，也会对下一段婚姻起到积极的作用。如果带着由无知或不负责任造成的婚姻失败，带着没有解决的问题进入第二次婚姻，这些问题在第二次婚姻中还会出现。再次出现这些问题又该怎么办呢？再以离婚解决？如果一个人在婚姻中没有学会处理亲密关系，没有真正解决自己的问题，婚姻中就难免会反复出现同样的问题。有人认为：已经有了这么多的矛盾，磨合起来太难了。但是只要这个人还想结婚成家就必然还要与另一个人去磨合。殊不知找一个陌生的人去磨合并不比跟一个已经共同生活过的人磨合容易，更何况贸然再婚的自己还带有前次婚姻失败的心理阴影呢？

三、离婚前的作业

离婚与否，对于处在婚姻危机中的当事人都是两难问题。离有离的好处，离也一定有离的难处。当遇到两难的局面时，更要审慎行事，必须采取对自己负责任的方法来认真考虑和抉择。

我在这里介绍一个"SWOT"分析法给准备离婚的朋友。这个方法可以帮助当事者正确分析，明智抉择。"SWOT"这四个英文字母是四个英语单词 Strengths（优势、强项）、Weaknesses（弱点、弱项）、Opportunities（机会、机遇）和 Threats（凶兆、威胁）的首字母，也代表了四个方面的因素。基于这四个方面的因素来对要进行的某项事情进行直观的分析，可以帮助面临两难问题的人做出正确选择。这个方法要求当事人用两张白纸来做分析，具体的方法如下：

离婚

S 好处
- 可以脱离眼前的痛苦
- 我的心情会感到轻松
- 不用再有那么多忿恨气、吵架
- 我的生活会自由
- 也许会找到一个适合我的人

W 坏处
- 我担心离婚对孩子不好
- 他挣钱比我多，离婚后生活经济水平肯定不如现在
- 还是会感到孤独，尤其是生病或遇事什么的

O 有利条件
- 我父母支持我，说"实在不行就分"
- 离婚后他们也让我住在他们那里（其实现在我就住在父母家）

T 不利条件
- 现在的住房是他们单位的福利房，不知如何办，也没有地方了住处（再也有人带孩子）
- 我快40岁了，不知吟应是否找小孩
- 我到哪找，但是我也不想我一个人正正常常，别也下岗了
- 他不同意离婚的分手，我现在的丈夫同意离婚但总是我着不动

• 拿出两张白纸，在白纸的中心画个大"十"字，分别写出离婚和不离婚的决策依据；

• 在"十"字的上下左右分格里分别写上"S""W""O""T"或者是"优势""弱点""机遇"和"威胁"，或者按照具体问题改写成"好处""坏处""有利条件"和"不利条件"。

●然后再在这四个区域里填写相应的内容，比如说，把离婚的好处填写在"优势"或"好处"的区域里。一条一条地想，一条一条地填，直到再想不出什么其他"好处"为止；然后再把离婚的坏处填写在"弊端"或"坏处"的区域里，逐步完成四个区域的填写。在填写"不利条件"时一定要把自己认为的最不好的结果写出来。填写时要保持客观，不带任何情绪。

●填写的过程就是对自己的思想、认识和客观因素进行梳理的过程。当完成填写后，你就可以仔细地把每个区域的内容进行反复琢磨和比较，比如：哪一种选择中好处更多；哪一种选择坏处更少；哪些坏处是自己可以接受的；哪一种选择的最差结果是自己可以承受的……比较之后就可以让自己的头脑更清醒，让自己的选择更明智。

以上两个图片就是在我的指导下一位女士做的"SWOT"分析。她与丈夫在感情上有些问题，经常发生矛盾，最后闹到"过不下去"的地步。她觉得很难再维持这个家庭了，必须离婚，然而，虽然丈夫也同意离婚，但是总以各种理由不去办理手续，这让她很困惑。有朋友介绍她来找我做咨询。她是因为朋友的"盛情难却"才"有一搭无一搭"地来跟我聊。我倾听了她的诉说之后，跟她进行了交谈，并指导她做了这两个"SWOT"分析。她把分析做完之后，我和她进行了一次简单的沟通，她就打消了一定要离婚的想法。而后她又与丈夫一起找我做了几次咨询，矛盾得到很大缓解，至今两人过得还不错。

"SWOT"分析法是一种全面的分析，客观的分析。经过这样的分析和比较，即使最后仍然选择离婚，因为有了思想准备，有了比较，双方所受到的打击就会减少许多。需要注意的是，在比较时一定要客观，不能带有侥幸心理，一定要考虑当自己面临最坏结果时是否可以承受。

比如倾向于保留婚姻，而保留婚姻的最坏结果可能就是即使努力了却仍然没能保住这个婚姻。但只要经过了理性思考与比较，这个结果仍然觉得可以接受。因为你明白了婚姻发展到这一步的原因，从努力中你看到了自己的力量，增长了能力，由此增添了自信，所以你不会后悔。

经过深思熟虑决定离婚后，夫妻双方都要实际地考虑离婚后的生活，不仅要有物质上的准备，还要有足够的思想准备。

比如"在哪里住"就是一个很现实的问题。现在有两套住房的夫妻不多，父母家有空房的也不多。那么离婚后很可能有一方是没有现成房子住的。怎么解决这个问题，就需要预先考虑。

另外，单身生活最让人困苦的就是孤独和寂寞。如果选择离婚，就要对此有思想准备。在做出离婚选择时不要以"一定能找到一个比现在这个配偶更合适的人"作为目标，而需要做好"找不到"的准备，做"体会孤独"的准备。这样的准备一方面可以让准备离婚的人在选择离婚时多些实际的考虑和思想准备，另一方面也有助于在没能找到合适的伴侣时，能够平静面对可能出现的困境和感受。生病没人照顾时的孤独,有了喜怒哀乐却没人可以倾诉和分享……都可以去面对和忍受,并且可以调节好自己的单身生活。

这里我还要强调一下,虽然"SWOT"分析法是个好工具,但是一定要在自己情绪稳定的时候去使用它,在做这个作业时一定要心平气和、客观公正,否则你所做出的评价和判断都会不真实或者打折扣(片面),会让你做出错误的判断,得出使自己后悔的结论。

希望所有准备"出城"的人在走出"城门"之前都先来做一下这个作业,然后再做出自己最后的选择。有了这个过程,不管后面的结果如何,一定是最为适合自己的,自己都不会后悔,因为你为自己的婚姻做出了最认真的分析,你对自己是负责任的。

第二章

化解婚姻危机的三个关键因素

大部分人的婚姻或早、或晚、或轻、或重都会遭遇婚姻危机的袭扰，而在面对婚姻危机的袭扰时，当事者只有理性地处理危机才能缓和与解决危机，也只有在对婚姻和婚姻危机有了较深刻的认知，具有正确态度后，才能减少婚姻危机对双方的伤害。我认为其中有三个关键因素，那就是情绪、认知和态度。

一、化解婚姻危机首先需要消除自己的畏难情绪

婚姻出现问题时，很多人不是思考采取什么方法才能真正解决问题，而是以自己的感觉和习惯行事，常采用的方法是忍受或逃避。这两种方法都是消极的，都不是真正能解决问题的有效办法，一再使用反而会使问题更加激化。另有一些夫妻解决矛盾时，态度是积极的，行动是主动的，但是对问题和矛盾

产生的原因则没有正确、客观的分析和认识，因为他们总是认为问题出自对方，是对方造成的，所以解决矛盾的出发点就是企图改变对方，进而采取错误的处理方式诸如无效沟通、教育式的帮助、不情愿的忍让等。

以这样的认识和方法去解决问题，结果往往收效甚微，甚至适得其反，使当事者怀疑是否能够解决问题，对挽救婚姻失去信心。

解决婚姻危机需要有积极的态度和积极的行为。所谓"积极"就是主动的、光明的、向上的、友善的、真心的，对夫妻关系的发展是起促进作用的，对婚姻是有益的。婚姻危机是日积月累形成的，想要改变这个现状，除了"积极"之外还需要持之以恒。为坚定自己的决心，在决定为自己的婚姻付出积极行动时，首先需要解决一些认识上的问题。只有对婚姻危机产生的原因等问题有了基本正确的认知，真正了解婚姻危机的问题所在，才能有的放矢地处理婚姻中的矛盾和冲突。其次，还需要评估自己解决问题的方法是否有利于双方关系的改变，并努力学习处理矛盾和解决婚姻危机的正确方法，才能取得真正的成效，促进危机的化解。

人的性格是由原生家庭和后天环境两个方面决定的，其中原生家庭是难以改变的，但是人所处的环境是可以变化的。变化的环境可以促使一个人的行为习惯随之变化，尤其当一个人受到适当鼓励的时候，他的行为就更容易有所改变。夫妻两人的相互影响，会使两人的一些性格特征得到强化或减弱。比如，一个自我意识比较强的人遇到一个柔顺的配偶，这个人的自我意识很可能会更加强烈，而配偶就成了服从方。假如他遇到的是一个同样具有强烈自我意识的人，在爱的氛围中他可能就会开始自我控制，学习考虑他人的需求和感受，变得不那么自我。由此可见，夫妻的个性是可以在相互影响中改变的。当然这个改变一定不是一方强迫另一方，也不是一方教育另一方，而是一个人的行为作为外因对另一个人产生潜移默化的影响。假如人们能够主动改变自己的一些对婚姻发展不利的行为习惯，就会逐渐地影响对方，促使对方一起积极地改变。相信只要肯付出真实、持续的努力去争取，就算是最麻烦的婚姻都会有希望。想要解决婚姻危机，就要树立起这个观念，这会给我们增添改变的勇气和力量。

要相信人都有改变的能力，在改变的过程中人会变得更有力量、智慧。处在危机状态下的婚姻，会使一些夫妻产生畏难情绪，因为改变现状需要付出许多努力，需要克服自己已有的行为习惯，尤其在开始实施阶段，还需要忍受对方的不理解。但是想要保住自己的婚姻就必须要做出最大的努力，而这个力量来自自身，要知道自己是否还想要这个家，自己是否还爱着对方。假如你的回答是肯定的，就会有力量去促进改变。只要人们为了爱，愿意改变自己的思想行为模式，情况就会出现变化。

有一些夫妻总希望对方先有所改变，认为只要对方改变了，自己才有改变的可能。持这种态度的人客观上是在向不利的婚姻环境低头，会感到无助、沮丧和忧郁。比如"他不那么任性，我才会对他态度好一些"，"她总是唠叨，我没有好心情对待她"。环境确实会影响人的情绪，但假如我们让情绪控制住了自己，就不可能积极主动地去面对自己的婚姻现状，更不可能有勇气去处理婚姻的危机。这种心态一方面源于对自我的不信任，觉得只有对方改变，自己就会跟着改变，自己没有能力使对方改变。这也许正是你们婚姻危机的症结所在。另一种人则在想，为什么是我要先改变，而不是对方？实际上，人只能左右自己，尤其是我们自己觉得婚姻有了问题，想要维护时，就必须自己主动先改变，用自己的变化来影响对方的改变。

人只有抛开怨天尤人的情绪，才能有勇气去努力，才不被畏难情绪所左右。树立了自己有能力改变婚姻状况的信念，人们就可以把握自己的命运了。

二、解决婚姻危机需要了解行为背后的原因

1. 行为与需求有关

人类大部分行为是由本我的需求激发的。本我需求是一个人最原始的需求，它与人性、个性、幼年时期的环境和经历有关，存在于人的潜意识之中（人的行为表现尤其是下意识行为绝大部分受潜意识的支配）。相对于本我的是超我。超我是社会

道德、社会角色规范的标准。平时人们外在表现出来的是自我，自我是本我与超我的结合。人们在有意识状态下的行为主要是受自我意识的控制。自我意识具有理性的一面。在婚姻的亲密关系中，放松的心态和亲密的氛围，使人表现中的超我部分减弱，因此人会更加感性。夫妻的行为表现大都更受本我需求的支配。常听到一些人反映，自己的配偶在单位或是对外人可讲理了，爱帮助人又温和，可是一回家就不是那么一回事了，整天吊着个脸，脾气还老大。由此可见人的多面性。这就需要人们细心分析配偶的行为动机是什么，真正了解配偶的内在需求。同时，人们也必须清楚自己的内心需求，切实地评估自己的行为动机。

人类需求金字塔是这样的：

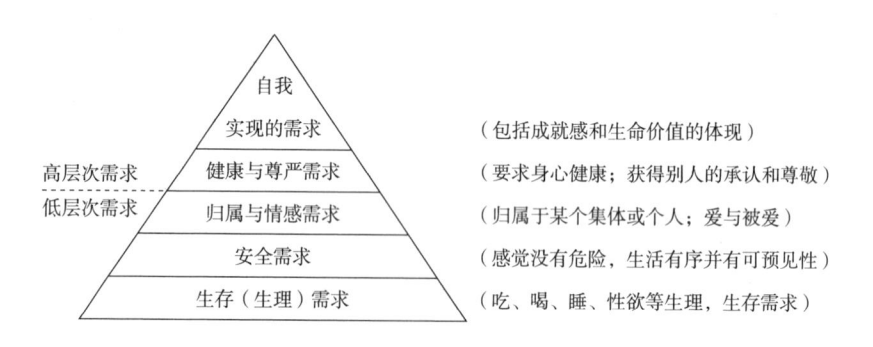

金字塔从上到下：

- 自我实现的需求（包括成就感和生命价值的体现）
- 健康与尊严需求（要求身心健康；获得别人的承认和尊敬）——高层次需求
- 归属与情感需求（归属于某个集体或个人；爱与被爱）——低层次需求
- 安全需求（感觉没有危险，生活有序并有可预见性）
- 生存（生理）需求（吃、喝、睡、性欲等生理，生存需求）

在解决婚姻危机之前，人们还需要了解人的行为受什么控制。了解行为背后的原因，才能通过行为真正了解一个人内在的心理状况，才有可能有效地去改变行为。

人的行为受内在需要和欲求的驱使，无论这种行为是有效的还是无效的,是痛苦的还是愉悦的,是疯狂的还是合理的,是病态的还是健康的,是糊涂的还是清醒的,都是为了满足人们内在的需要,背后有着一股强大的驱使力量。因此只有了解了自己和配偶行为的内在动机,才能知道自己的力量要往哪里使,自己需要为此改变什么。能以积极健康的方式帮助配偶满足他们的需求,才能看到配偶放弃消极的行为,朝着积极的方向去改变。这里所谈的需求既包括生理的,也包括心理的,有时这两种需求会彼此交织在一起。比如,有的女人常常用吵架的方式引起配偶的关注,或是因自己性需求得不到满足而找碴儿闹事。这些方法就是消极的。解决这种现象,就需要了解对方的需求,主动满足,并避免在消极状态下才去满足。因为在其消极状态下满足,使一方获益时,这样的消极行为就会时常出现,成为婚姻危机的根源。有需求需要满足的一方,应明确地表达,或主动与对方亲密接触。积极的行为有利于双方情感的发展,有利于双方身心健康。婚姻中人的需求大致集中在以下几个方面。

(1)爱与被爱是人类最基本的需求。

当体会不到配偶对自己的爱时,人就会对夫妻之间的感情产生怀疑。长期被琐碎的家务事所缠绕,人会容易忘记向对方表达自己的爱与情意,总觉得都在一起生活这么多年了,还有必要表达爱意吗?回答是"太需要了!"人生最大的快乐之一,就是相信自己是被爱的。而最需要的爱就来自自己所爱的人,来自自己为之奉献一生的那个人，得到这样的爱才是最大的快乐，才会安心地将生活进行下去。当体会不到这种爱时，人会在无意识状态下采用各种各样的行为引起对方的关注、爱怜。这些行为中有积极的，也会有消极的。曾有这样一个奇怪的故事，一个女人每过一段时间必定生一场大病，但是到医院检查却总也检查不出有什么确切的病因，住院几天后就会康复出院。后来她怀疑自己可能有心理问题。在心理咨询中发现，她只有在生病住院的时候，丈夫才能日夜陪伴她。丈夫无微不至的关爱，使她感受到丈夫的绵绵爱意。她在为了满足自己被爱的需求时才"生病"，当然这并不是她在装病，只是她在潜意识中形成了满足被爱需求的行为模式。这就是消极的满足需求的行为方式。

（2）人都喜爱自由，不愿被他人控制。

在婚姻中控制的表现是多种多样的，比如，当男人特别怕女人哭时，妻子的哭泣就可能成为对丈夫的一种控制；丈夫的沉默使妻子不安，会让妻子更加小心翼翼地顺从丈夫，于是丈夫的沉默就可能会变成对妻子的控制；不愿意吵架的丈夫遇到一个出现问题就大声吵闹、喋喋不休的妻子，妻子的喋喋不休就有可能成为控制丈夫的手段。当然这里所说的控制都是在潜意识支配下的行为表现，是长期相处形成的一种模式。当这种模式使被控制方感到压抑、忍无可忍时婚姻就会出现危机。夫妻在解决冲突时采用的指责、教育、翻老账、"戴帽子"等方法均有控制之嫌，是不利于解决婚姻矛盾的拙劣方法。

（3）人都有追寻人生意义，获得满足感和成就感的需要。

每个人对人生意义的理解是不相同的，这可能与每个人的不同童年经历或成长环境有关。这就需要人们尊重配偶的这种追寻，给予理解和支持，使其获得人生意义的满足感。人还需要有自己的精神寄托。作为丈夫或妻子，要尊重配偶的信仰，让他们能够得到精神层面的满足。有的丈夫认为，让妻子不工作，待在家，是爱妻子的表现。可是妻子如果希望参加工作、融入社会，体现自己更大的价值，怎么办呢？两种不同的观念若得不到正确的沟通，必将成为婚姻危机的根源。

（4）人需要生理上和精神上的放松，在工作和放松之间求取平衡。

家庭是人进入社会以后的一个重要的栖息地，应该是安全、安静、舒适的港湾。人在家中应该得到很好的放松，得到安慰和支持。当然这里也包括娱乐活动与生理需求的满足。女人一下班就进入家庭主妇的角色，里里外外都得不到放松，就会产生负性情绪，影响夫妻关系。男人在外拼搏已经感觉疲惫，回家后仍要面对妻子的絮叨，就会感觉家不是放松的地方，而想要逃离。

2. 行为也是一种习惯，来自人的个性

人的很多行为源于习惯。习惯行为是人的个性所决定的，性格不同的人，对生活的反应模式也会有所不同。比如：

寻求和睦的人，个性中具有冷静、温和、易于相处、情绪

稳定的特征。这种个性特征的人不喜欢冲突，所以很少表露自己内心的愤怒。他们会倾向于避免争吵，因此久而久之就会使冲突内化而无法化解，引起焦虑、烦躁，而这种情绪的积攒可以转向最终的爆发，也可以转向个人的抑郁。

控制型的人，具有反应迅速、主动、果决、固执己见的个性特征。他们不仅能为自己做出决定，也常常为别人做出决定，并且不会屈服于他人的压力，遇事会力争到底，而且常是赢家。这样的人往往不轻易同情他人。这样的人往往会以自我为中心，无视他人的感受。

奉献型的人，勇于自我牺牲，并且往往是天生的完美主义者，总想要满足别人的需要，而疏于照顾自己的情感需要。他们极端敏感，常表现忧郁和沮丧，对自己和他人都有极高的标准。这样的人虽然十分可靠，但是由于他的完美，无形中会给对方带来极大的压力，使与他亲密相处的人无法轻松。

喜欢欢乐、惧怕孤独的人，具有一种温暖、生机勃勃、兴致盎然的性格特征。这种人不喜欢孤独，会把生活安排得满满的。他们不仅是为自己，也是为了他人，希望每一个人都快乐。这样的人太容易融入当下，而忘了先前的承诺，从而让配偶感到失望。

从以上几种个性特征中，我们不难看出，每一种性格类型在婚姻关系中都有其优点和缺点，虽然每个人都不是纯属于其中的某一种类型，但多少与其中一种相近。人性特征之一是异者相吸，因此很少有夫妻是相同性格类型的，而这些差异在婚后就往往成为夫妻冲突的根源。人的性格一旦形成就很难改变，所以人也很难改变随自己基本性格行事的自然天性。在满足自己的生理或心理需要时，人们所采用的方法，也都受他们性格的影响，其中也包括经营婚姻的方式。人都希望自己的婚姻美满，都愿意为自己的幸福婚姻而努力，但是因为个性的特点，有时一个人的努力却无意中变成了危害婚姻的因素。通过对性格特征的了解，双方才能更理解对方的行为，更能搞清对方行为背后的需求，这样就可以用积极的有建设性的方式使配偶的需求得到满足。

我们在解决婚姻问题时，第一步就要了解自己和配偶的性格特征，并找到双方行为模式背后的原因所在。比如，一个喜欢快乐、惧怕孤独的人，会给他人和家庭带来生机和快乐，他的兴奋点是不断地制造快乐，认为这就是为了家庭的稳定与和谐在努力，但是他可能会忘掉自己以前的承诺，因此成为配偶最受不了的问题，并被冠以"不负责任"的罪名，使得夫妻二人为此争论不休，成为危机的根源。解决这个问题不应去指责他忘记承诺或不负责任，而是要设法让他体会到承诺在婚姻生活中的重要。一个喜欢和睦的人认为夫妻不争吵就是家庭和谐的体现，他可能就会为此而忍受、压抑自己对一些情况的不满，最终成为婚姻危机的根源。这就需要双方积极沟通，对他的表达要给予充分重视和接纳，从而不断促进夫妻之间进行沟通，心平气和地解决二人之间的矛盾，使他感受到表达自己真实感受是没有危险的，是不会影响家庭和谐的。这样，无形中他的行为就变得积极了，就不会再压抑自己的情绪进而导致矛盾积累了。

人们的行为会受到自己性格的影响，但一个人的行为也可以不被性格所控制，而受自己的意志所指引。如果人们下决心解决自己婚姻中的问题，就要采取一种更好的行为方法，虽然这个方法可能会超出自己的舒适圈，但是为了幸福，也要改变自己，采用积极的有建设性的行为来对待自己的婚姻。改变自己，开始会感到不舒服，但是时间长了，新的行为也会变成一种习惯，由此就能逐步改善自己的婚姻状况。

三、积极的生活态度是应对和解决婚姻危机的重要基础

解决婚姻危机就要将自己婚姻中的一些消极因素改变为积极因素，将消极行为变成积极行为，从而将引发危机的矛盾一点点地化解。在化解婚姻危机时，人们还需要了解什么是积极的生活态度和原则。积极的原则是在夫妻能够良好相处的规律上建立起来的，假如人们能够按照这个原则生活，不仅可以化解婚姻危机，还能保持婚姻的良好状态。

积极原则首先要求每个人都要为自己的态度负责。人在一生中，遇到麻烦是不可避免的，但生活得如何却是自己的选择。我们对事物的看法不同，就会产生不同的情绪和行为。在解决

婚姻问题时，自己就是解决问题的主角。如果对挽救自己的婚姻没有信心，以消极的态度对待这个问题，那么你所表达出来的言行必定会带有消极的色彩，自己也会变成婚姻问题的一部分，那就更不能解决问题了。想要得到美好的婚姻，就需要自己去努力，就要对自己和对方充满信心。要想生活好就要去正向地面对生活，这就是对自己最大的负责任，这就是对生活的一种积极态度。

要树立"我可以影响他人并使他人有所改变"的积极信念。婚姻危机的发生并不是夫妻某一方造成的，它是夫妻二人在亲密关系中互动的结果，是因为一个人的行为影响着另一个人，或者说一个人受到另一个人的影响。

从夫妻互动模式来看，假如一个人选择了正面的行为态度，那么在这个人的影响下，他的配偶便会发生改变。

当一个人受到别人支配或控制的时候，便会产生反抗。没有一个人愿意被别人控制，夫妻之间也是一样。因此用控制、操纵、支配或教育的手段所做的努力，到最后都是徒劳无功的。夫妻只有在亲密相处中，用每一天的态度和行动来影响对方，对方才能逐渐改变。不要要求对方改变，而是要自己主动改变，坚信自己用爱和努力，一定会影响并改变对方不利婚姻和谐的行为和情绪。

解决婚姻危机，自己一定不能受情绪的控制。当婚姻发生危机时，人都会有失望、受挫、愤怒、受伤、怨恨、冷漠等负面情绪,这些情绪会让人没有力量面对和解决自己婚姻的问题。假如人们被这些情绪控制,整天沉浸其中,不仅会损害健康,而且对婚姻毫无益处。人们若想改变婚姻的不良现状,就必须脱离这些负面情绪对自己行为的控制,否则就不可能有力量去积极改善自己的婚姻现状。一个人在不良情绪的控制下,总是不断倾诉,但如果没有一点儿行动,无论说多少次也无法改变现状,而且无形中自己也会成为家庭问题的一个方面。整天的絮叨和沮丧的表情,会让对方更不愿意回家。如此恶性循环,危机必然加剧。

当人们能够不受情绪的控制,选择正面、积极地去解决家庭问题,并付诸行动的时候,情绪可能也会跟着改变,便能对另一方有良性的影响,就有可能治愈关系,重建夫妻之间的良好感觉。一连串的正面行为就有可能扭转不良婚姻的行进方向。被自己的不良情绪控制,不断体验其中的痛苦,这样也许会得到周围人的同情和怜悯,但是对于自己的婚姻却毫无意义可言。在不良情绪控制下,人们的思维也会改变,看到的都是不好的事情,回忆的也都是负面的东西,反过来使自己的情绪更加糟糕。当人们有意识地脱离负面情绪的控制后,才有可能发现积极的切入点,发觉对方身上积极的一面,并由此建立自己的信心,将爱情进行到底。

我曾在报纸上看到一位高中生写的一篇文章,谈到有关女人需要自立的问题,写得很好。在这里我将她写的部分内容介绍给读者，希望能够对处在困境中的人有所帮助。

……悲剧的发生更深层的原因，我认为，是女人对男人过强的依赖感和自我意识的消亡。

生活的一扇窗关上了，就必定会有另外一扇窗打开，每个窗口都能射进阳光，都能让我们充满希望和温暖。悲剧或许注定要发生，但我们不能就这样被命运打倒。我们不应该在关闭的窗前徘徊，沉浸在痛苦中不能自拔。只有觉醒和抗争才能使我们摆脱阴影，重新享受光明的沐浴和洗礼。或许我们的肩膀很柔弱，但我们不会放弃担起命运的重担。

即使剧终人散，我们还能拥有生活中永不枯竭的美与希望。悲剧的发生会让我们拥有一个更加坚强的心灵。

解决自己的负面情绪当然也不是一件很容易的事情。首先需要人们找到影响自己情绪的原因，如对婚姻的无望。这需要自己对自己的婚姻有一个客观的评估，知道在这里自己还需要什么样的努力。这个评估思考的过程，一方面能使自己更理性、真实地了解自己的婚姻现状，另一方面也会起到平息负面情绪的作用。当情绪不好时，人们可以有意识地参加一些让自己快乐、兴奋的事情，减少负面情绪对自己的干扰。假如自己很难改变情绪，可以求助心理咨询师，改变自己的心态。总之，当婚姻危机出现，人们想改变这个现状时，首先要学习解决自己的负面情绪，使自己有勇气、有力量改善自己的婚姻。

婚姻处在危机中，更需要人们勇于承认自己的不完美。很多不良婚姻中的夫妻二人都过着以自我为中心的生活，双方都认为对方在糟蹋婚姻。这种认识，会让双方筑起一面隔绝彼此的墙。这面墙就成了亲密关系的重要阻碍。勇于承认自己的不完美，请求对方原谅，才能拆除这面墙。这是负责任的举动，会让你的配偶知道你正在努力，并付出了行动，看到你是真诚地想要改善你们的婚姻关系。承认自己的不完美，并不等于认为自己是失败者，也不是说婚姻的现状都是你一个人的责任。婚姻的现状是夫妻共同生活、长期互动的结果，因此婚姻出现问题绝不是一方的问题，不能把责任只归结到夫妻的某一方。能够承认自己不足是强者的表现，说明自己有能力面对自己真实的婚姻，而且有自信改善婚姻。一方只要这样做了，无论当时对方反应如何，这一行为对于婚姻都一定会起积极的作用。

爱是一个人最重要的情感需要，一桩不良婚姻中的困难就在于，我们都只注重获得爱而不是付出爱，总是等得到爱以后再付出自己的爱，或者总觉得自己付出的爱多于对方的付出，要求对方一定要付出与自己一样多的爱，自己才能再继续给予。到底谁付出得多，谁付出得少，在婚姻中没有一个量化的标准。何况对方的感受并不一定与自己的付出是一致的，因为每个人对爱的行为的感受是不同的。一个女人因为爱，辛苦地操持家务，把自己的丈夫照顾得周周到到，可是丈夫可能并不认为这是爱的表达，而认为这就是中国传统生活的体现，只能评价自己有一个贤惠的好妻子而已。妻子委曲求全，无论什么情况下都满足丈夫的性需求，而丈夫也未必认为这是妻子对爱的奉献，而可能觉得夫妻性生活就是天经地义的事。只有对方认识到你的行为是对他的爱时，他才能感受到爱的信息。

因此在现实生活中，关于"付出""得到"的争论是不可能有一个"公正""客观"的结果的。夫妻若纠缠其中就会像纠缠在一道无解的问题里，毫无意义。如果夫妻二人争论自己为爱付出了多少，说明他们还缺乏真正的爱，而只是在争取自己需求的满足。若两人真正相爱，就不需要计较自己付出多少、得到多少，只管真心地给予就是了。真心付出更容易得到真心回报，即使对方可能一开始还体会不到这种真爱，但当需求不断得到满足时，必会感受到爱的深厚，也就更愿意给予回报。

真诚的爱是强有力的武器，付出真诚的爱一定可以改变婚姻的氛围。爱会影响情绪，但爱本身并不是一种情绪。爱是要以行为来表达的，是可以学习的。你需要对方怎样对待你，你就怎样去对待对方。对方需要什么，你就要尽量满足，当然一定是以积极的有建设性的方式去满足。但要指出的是，很少有夫妻二人能使用相同的"爱的语言"，也就是说两个人用来表达爱意的"语言"常常是有差异的。所以夫妻双方都应该去深入了解对方，了解对方需要什么样的"爱的表达"。爱的行为可以激起配偶的正面情绪，激励配偶回应，真正开启双方关系的良性循环。

第三章

婚姻危机的分析与解决策略

引起婚姻危机的原因实在太多了,正如俗话所说的"家家都有一本难念的经"。每家"难念的经"可能都不一样,但是有一些常见的原因可能还是可以归类的。我试图对下面八种造成婚姻危机的原因进行分析并提出一些解决的策略和办法,供有需求的读者参考。

一、配偶没有责任心

当人觉得配偶是一个不负责的人时,一定会感到不快、不满,严重时会感到愤怒、失望、焦虑……进而用批评、指责、教育的方法对待对方,要不就是以忍受、压抑的态度度日。这些都是不利于问题解决的,都是消极的,其结果还是会破坏婚姻。

当觉得自己的配偶"不负责任"时,首先要做的事是弄清

"负责任"的标准，看自己给配偶下的"不负责任"的定义是否是真实的和正确的。因为人对现实的认知，经常会依照自己的性格、价值观和诉求来得到，所以对事对人的评价可能并不客观。

比如，孩子生病了，妻子十分焦虑，向丈夫诉说。丈夫很忙，觉得孩子生病需要去医院治疗，自己不是医生也解决不了什么问题，于是出于安慰，可能会对妻子说："没关系，别着急，快带他到医院去看看吧。"而妻子这时可能会觉得丈夫应该和她一样着急，甚至应该与她一起带孩子去看病。这时，丈夫的行为可能会给妻子留下"不负责任"的印象。再比如，丈夫认为妻子工作清闲，应该把屋子收拾得干净一些，而妻子认为屋子已经很干净了。可是屋子的现状让丈夫感到妻子没有尽到责任。这些都是夫妻对事件的评价不同而造成的对"负责任"的理解的不同。

在确认自己配偶的行为确属对婚姻家庭不负责任后，还需要搞清问题的源头是什么，对方对这个问题是怎么想的。不负责任可能源于原生家庭的影响，比如他遵循了父母生活的模式，或反转了父母生活的模式；他也许是在没有被赋予责任的环境中长大的；他也可能被父母养成了以自我为中心的生活态度，形成了等待别人给予的习惯；还可能是他在两人的婚姻生活中得到了助长和巩固。

许多人在遇到配偶有这个问题时，很少思考自己的行为是否加剧了对方的不负责的行为。比如，配偶本来就什么都爱依赖他人，而你正好又是一个愿意承担责任的人，或是不愿因一些家庭事务让配偶感到压力的人，那么你的配偶就会习惯于在你的照顾下生活。也许你的配偶本来是一个负责任的人，只是他每次负责任的表现都遭到你的拒绝或引起争执，或者被贬低、被否定，渐渐地他就不再表达自己的意见，甚至不再关注家庭中的事情了。一个负责任的人，因家庭的不良互动，比如过度呵护，或意见不受到尊重的影响下，会变成一个对家庭不负责任的人。

配偶没有责任心还有一种可能，就是用这样的行为来表达对你的怨恨，因为你没有满足他的需要，他就采用这种方式来求得你对他的注意。当然这可能是无意识行为，可能是在他如此表现的时候，你曾经关注过他，结果当他希望你能关注他的时候，这样的行为就再次出现了。

配偶属于哪一种情况，是需要搞清楚的，因为原因不同，你的应对方式是不一样的。当你搞清了配偶不负责任行为的来源后，就可以采取适当的积极行为去影响对方了。

要想解除婚姻危机，自己一定要采取正面的、积极的行动来促进婚姻向良性循环方向改变。配偶不负责任的态度不管是哪种原因造成的，自己都首先要做到去满足配偶追求爱、自我价值以及人生意义的内在需要。假如不负责任是因为你没有满足他的需求，你只要做到这些，问题也就解决了。假如不负责任是因为他的个性使然，那你的行为则可以促进他改变自己，这样就有了改变的可能。

采取正面、积极的行动就是要学会表达自己的爱意，努力说出"对不起""原谅我""我爱你"；同时要用行动把自己的爱表达出来。每个人对爱的体验是不同的，因此人们要通过对自己配偶的观察，了解如何做才能使他感受到你对他的爱，然后你就这样去做、去表达。有些妻子忘我地服侍自己的丈夫，但是丈夫并不觉得这是因为妻子爱他，而更需要妻子对他在外面拼搏成果的肯定。丈夫认为自己拼命地工作赚钱是在表达对妻子的爱，但妻子可能认为是丈夫喜欢在外面玩乐，或是逃避家庭劳动、逃避责任，因为妻子觉得丈夫能花时间陪伴自己才是爱她的表现。这就需要人们了解自己的配偶真正需要什么，然后去真心地表达，传递自己的爱意。

在促进变化时还要给配偶创造改变的机会，赋予他必要的责任，如安排一定家务，或帮助自己完成一些事情等。在实施中要恰当地给予其肯定和鼓励，使对方感到被尊重、被接纳、被肯定，这样有利于将负责任的行为巩固下来。在促进配偶改变时不要心急，要有信心。信心就建立在自己爱他，相信他也同样爱着自己的信念上。一个人要改变，首先他要感觉到你是真心的，真的是出于爱，他才会有自我改变的动力。一个人个性的改变是需要时间的，而且还可能会出现反复，有些时候可能还与他内心的纠结有关，这时的改变会使当事人感到苦恼，甚至影响其改变的步伐。改变的艰苦过程需要用爱和信任来支持，你的急躁情绪会起到相反的作用，不利于他的改变。假如遇到瓶颈，靠自己的力量无法取得进展时，就需要建议他去找心理咨询师寻求帮助，解开心结，促进其继续进步。

二、配偶是个"工作狂"

有这样一种人，他们似乎十分敬业，一心扑在工作上，几乎把所有能用于工作的时间都用来工作。如果从"事业心""挣钱"的角度看，这种人不仅没有什么"问题"，还是一个值得赞赏的"好丈夫"或者"好妻子"。其实，这些人里面除了真正是由于职务在身、肩负重担而不得不忘我奉献的一部分外，还有一部分是另有原因的，所以我在标题上用了带引号的工作狂。

遇到这样的配偶，首先需要搞清楚你配偶的"工作狂"现象是如何产生的？知道"工作狂"产生的原因，你才能有的放矢地去做出改变。

一个人"工作狂"个性的形成，大多与他儿时的生活环境有关。在儿时很少得到生命中重要人物的爱、接纳、赞誉，可能是变成"工作狂"的原因。他努力地工作是为了满足自己一直未得到的对爱的需求以及被肯定的需求。比如，他的父母是爱挑剔的人，或是只有在他学习成绩好的时候或给父母挣了面子的时候，父母才会爱他。在这样的环境中成长起来的人会产生深深的自我贬低，总需要努力表现来取悦父母，争取父母的认可。这样的孩子在长大后，常会将领导移情为父母，为了改变自己低劣的感受，就会在工作中努力不懈地表现。但是这种儿时不被认可带来的缺失，会让他一辈子都难以得到满足。即使他很好地完成了一项工作后，得到了暂时的满足，但很快他又会进入不认可自己的状态中，奋发工作。

另一些人是以工作来满足对成就感的需要。他们拼命地工作，拼命地赚钱，以此感受自己的成功。他们是在不断努力工作中寻求人生的意义。

还有的人可能是以工作来避免与配偶的冲突。工作的地方是他躲避家庭冲突的最好的去处，工作本身又可以暂时忘却内心的焦虑、苦恼，尤其当他感到配偶认为他无能时，他就会不愿意面对配偶。如果他真的认为自己确实是一个无能的人，就更不愿意面对家人了。

其实，很多"工作狂"都是极有责任心的人。

当了解到配偶"工作狂"行为的内在动机后，你首先需要扪心自问，过去对待配偶的方式是否使他的问题更加严重了。

如果发现自己的行为也有问题，就要开始改变了。首先，你要充分地肯定他的努力，并对他给家庭带来的物质生活改善表达感谢之情。对这样的配偶，肯定的语言就是他接收到的你爱他的信息。在肯定、赞扬或感谢时，一定要真诚。人在表达自己的意思时，所传递的不仅仅是语言的内容，语音语调、面部表情、眼神以及肢体的动作等都会给对方更全面的信息。当你修正了曾经的错误行为，同时又恰当地、适时地肯定了配偶，他对家庭的抵触就会降低，就会开始慢慢改变自己沉迷于工作的状态。

其次，你还要以真诚的态度，用正面的表达方式，说出你自己的需求。让对方明白你不喜欢你们以前的那种相处方式，不愿意继续以前的那种生活模式，希望你们的婚姻生活能够得到改变。这时你的态度要坚定而温和，使对方真切地感受到你的感觉和需求。他在体会到你对他的爱意，又知道了你的需求时，情况往往就会向良性方向发展了。不过，有时人们了解了对方的经历后，会非常心痛，不忍心再要求他来满足自己的需求。其实不然，夫妻相互满足需求是天经地义的。更何况，当对方改变以往的模式，开始与你和睦相处后，他同样也得到了婚姻的幸福。这是双赢的举措，必须要努力争取，但不可心急，不可说教，要以温柔而坚定的态度促使事情转变。

三、女强男弱引发的婚姻危机

社会的发展使女性受教育和就业的机会大大提升，尤其当社会处在和平盛世时，女性的长项更能得以发挥。这使得女性在事业上的发展不亚于男性，于是社会婚姻中女强男弱的家庭模式越来越多了。传统观念与女强男弱的婚姻格局在人们内心形成的冲击必然会引发婚姻冲突，而冲突升级，危机就自然会产生。

"被独身"的女性绝大多数是高学历、高收入、高年龄的"三高"女士;"被独身"的男性,则是低文化、低收入的人。一个女人与一个在事业、收入上都不如自己的人相爱,周围的人都会感到新奇。而一位平平常常的男士与"三高"女士相恋结婚,别人就会指责他吃软饭。这种观念深入人心,成为女强男弱婚姻危机的催化剂。在这种背景下,即使男女已经相爱、结婚,这种家庭中的男性的内心深处都难免存在着一种自卑,总怕对方看不起自己。可见,女强男弱的婚姻确实需要足够的定力才能不受外界的干扰,幸福地生存下来。

其实在现代社会中,男女都有受教育和就业的机会,所以社会给男女的机会基本上是均等的。人的个性千差万别,有人适合在外拼搏,有人适合宅在家里忙活,各得其乐。假如这样两种人能够结合,建立起家庭,实在是再合适不过了。这样结合的双方切忌将两人的差异当成谁比谁强,这只是基于性格、机遇和协商而做出的选择。这样的结合必会为生活增加更多的情趣。只要夫妻二人是相爱的,婚姻的格局是由自己定下的,不管男人"强"还是女人"强",双方的人格都是平等的,只是社会分工不同罢了。尤其在今天,人人平等的观念深入人心,人们更需要把握好自己,让自己的才能得到发挥,让自己生活得更幸福。

同时,女强人需要时刻谨记,自己的配偶是个男人,需要尽可能地满足他充当保护者、成就者的需要。当男人得到这样的满足时，他内心的自卑感就会减轻。女方需要及时地、真诚地肯定配偶的能力，要感激他对自己工作和生活给予的帮助。回到家后，女性要多展现自己的温柔和体贴。有能力的、优秀的女人，共同的优点就是勇于承担责任，但是你们在配偶那里可以放松一下，将一些自己的难题、压力分担给对方，给对方一些表现的机会，满足他们作为保护者、成就者的愿望。这是夫妻双赢的举措。女方在爱的表达中最忌未经双方充分协商，就以自己的能力或权力帮助丈夫在事业上获得发展。这种帮助无形中会让丈夫感到"你认为他不如你"，反而激起丈夫的愤怒。

大环境对女性也会有所影响。当很多事业型的女人看到职场上那些优秀男人时，因崇拜、敬佩也会不由产生爱慕之心，相比之下甚至会隐隐感到对自己丈夫不满，也许还会在脑海里掠过"与这样优秀的男人在一起才光彩"的闪念。一位来找我做咨询的女士，她就不只是"一闪念"了，而与自己的上司发生了超越工作关系、朋友关系的行为。但是她仍爱着自己的丈夫和家庭，不想失去自己幸福的家。虽然出于理性，她已经重新回到了原位，但是情感仍会不时骚动。究其缘由，还是她的内心需求在作祟，也就是说，当她与那位优秀的领导在一起时，她感觉很光彩，感到那是优秀的人对自己的一种很高的认可。因此女性也需要有自省能力，有时问题就出在自己的身上。没有丈夫的分担、支持，女人也不可能轻松而光彩地在职场上淋漓尽致地发挥。优秀的评价标准不是单一的，也不可能有统一的标准，所以人的内心不能贪婪，贪婪会使人走向歧途，最后导致鸡飞蛋打的悲剧。

当婚姻发生矛盾时，积极的应对行为应是夫妻双方良好的沟通，不要带着自己固有的观念想当然地讨论问题，而要真实地体会对方的感受，坦诚地表达自己情绪，通过沟通，实现两个人更加坚定的结合。

女强男弱的婚姻，还有一种是原生家庭状况的差距所导致的。女方家庭状况比丈夫的家庭状况要好，或是比男方社会地位高，因此女方自幼所持有的优越感被带入婚姻中，进而不能平等地对待自己的丈夫。

夫妻之间的爱是平等的，不像爱孩子，当然父母与孩子也是平等的，但是父母对孩子还有抚养和教育的责任，而爱配偶则不存在教育；更不像爱一个宠物，宠物仅仅是人的附属品，而配偶之间谁也不附属于谁。

女方的家庭条件优越，也可能会给男方的发展带来一些有利的因素。但是有些男士因为强烈的自尊（很可能因为其潜意识中有些自卑），不愿接受女方家庭给予的有利条件，要以自己的能力谋求发展。这本来是可以理解的，甚至是值得鼓励的。但是具有不平等观念的妻子往往就会抱怨甚至使用歧视性语言指责自己的丈夫，这样就会引发夫妻关系危机。如果丈夫接受了妻子家庭的帮助而有所发展时，具有这种不平等观念的妻子又常常会片面地把丈夫的成绩归结在自己父母给予的帮助上，忽略了丈夫的努力。妻子如果经常在人前强调自己原生家庭的能力而不是夸赞丈夫的能力和努力，那么丈夫也必定会因为自尊心受到伤害而心怀不满，最终导致夫妻关系中的危机滋生。

我常会接到对丈夫不满的女士打来的电话，谈话间就会听出那些女士们的家庭条件比较好。她们的共同点就是不能平等地对待自己的丈夫，总认为丈夫做得不好，所以她们总是教育自己的丈夫，然而不仅毫无效果，夫妻关系还越来越差。另外，她们与丈夫的沟通方式也不是平等的，而是教育式的，这种沟通方式不仅得不到对方的正向反馈，反而还会导致夫妻关系恶化。这种女强男弱的夫妻，女方首先要放下架子，扪心自问，自己是否真心地爱着丈夫？如果爱，那就要尊重他，要与丈夫平等相处，真诚地将自己的爱意传达给对方，用爱的行为去影响丈夫，使其有动力将一切做得更好。

四、被控制的夫妻关系

在夫妻关系危机的多种类型中，有一种危机产生于一方对另一方的"控制"。这里所谓的"控制"只是形容夫妻一方有一种"自己说了算"或者是"要求对方按自己的意见办事"的习惯，实质上仍然是一种以自我为中心的体现。这种关系我们也称之为"被控制的夫妻关系"，其形成的原因比较简单，分承袭和遗传两种。承袭是指一个人从原生家庭的生活模式中承袭了这种凡事以自我意志为导向的习惯；遗传是指一个人天生的控制型人格。

　　承袭了原生家庭生活模式的人，认为大多数家庭都应该是这样的，在家庭生活中就应该是按照"我"这一方的意志来生活。这里的"我"有可能是男方，也可能是女方。一般而言，很多男人是具有"控制力"的角色，女方服从男方。还有一种相反的情况，就是许多姑娘出嫁时会有家人或亲戚向其面授机宜——如何控制住自己的男人、如何把住家庭经济的大权等，或者女孩的母亲就是一个控制力很强的榜样，那么这样的女孩就可能在自己的婚姻中扮演一个控制者的角色。

　　另外，有些人本身就具有支配或控制型人格，他们的表现是固执己见、好争辩，争辩时总以他的胜利告终。这种人常以自我为中心，不重视他人的感觉；他想要办的事一定得办，他想说什么就说什么，不管他人的感受如何；他不仅给自己拿主意，还会给别人拿主意，要求他人按照自己的想法去做。

　　一个有支配欲的人与一个有依赖个性的人结婚了，那么他们的婚姻模式必然是"被控制"型的。他们如果互相满足了对方在控制与被控制方面的需求，自然不认为自己的婚姻有什么问题。假如一个有支配欲的人与一个不愿被支配的人结婚了，那么控制行为就会成为婚姻危机的诱因。有控制个性或有控制欲的人的这些表现会让配偶感到自己的言行都在其控制之中，毫无自由可言。而人的本性是追求自由的，没有自由的人就会感觉像一个囚犯，时刻被管理和监督，逐渐就失去了自我。在这样的婚姻关系里，被控制方的自尊心、自信心都会受到很大的打击。

个性以及原生家庭的影响，都是较难改变的。处于这样的婚姻关系中就需要考虑自己怎么做，才能改变这种婚姻模式。在这样的婚姻关系里，人容易本能地互相较劲。无论是在控制和反控制中挣扎，还是以屈从的方式来避免争吵，都不是积极而有建设性的。较劲必定会产生争执，会搞得两败俱伤；在屈从和忍受中又会使自己不知不觉地认同对方的观点，产生较低的自我评价；被控制者整天过着压抑的生活，还会助长控制者的肆无忌惮。

被控制者要想办法获得足够强壮的情感力量。首先，需要建立起信心和自尊，不能一味地屈从、忍受。夫妻在人格上是平等的，双方都有权表达自己的需求，都有权做出自己的决定，都有能力改变自己的行为，只要双方是相爱的，就有可能改善夫妻关系。

其次，在具备了足够的力量后，你就朝着自己的方向去努力，智慧地面对和处理与配偶的关系。一定不要寄希望于改变对方，但要坚定地相信自己可以影响对方。

对于控制型的配偶，你可以采取以下策略，将有助于夫妻关系向良好方向发展：

（1）以同意来影响对方。

认同他的观点，但自己不要受其观点的影响，可以按照自己的想法去做，因为你有做决定的自由和权利。通过这种行动帮助他了解，每个人都需要某种程度的自由，每个人都可以决定自己的事情。当他明白你有自己的想法，不受他思想的控制时，他就会开始尊重你的自由了。

有一对幸福的夫妻，别人向那位男士夸奖他的太太贤惠时，男士微笑着回答："她是蔫儿坏，表面认可，背后还得按她的主意办。"从男士的表情和语调看，他说这话时没有不悦，反而还透着欣赏和幸福。其实这个男人的个性中就具有控制性，心细而且愿意拿主意。他妻子个性随和，但是也有主见。相处中，女人很尊重丈夫，对丈夫提出的意见从不粗暴拒绝、否认，但是在处理上往往会坚持己见，并不伤害丈夫。男人爱妻子，也很尊重她，虽然妻子并未完全按自己的主意处理事务，但他不会因此闹矛盾，只是一笑了之。

（2）不要争辩。

控制型的人总认为自己是正确的，会把别人的不同意见看成是对他个人的批评，因此如果你要跟他争辩，他就会争辩到底，即使是胡搅蛮缠，也一定要以自己的"胜利"告终。这些是个性使然，假如人们不了解其中特性，就会陷在其中。在争辩中难免会有情感冲动、语言伤害，甚至让你感到对方不可理喻，结果不仅争不出个什么结果，还落得两败俱伤。因此与控制型的人争辩是百害无一利，一定要避免。避免这种辩论就是你们解决婚姻危机的法宝。

（3）将计就计。

控制型的人很愿意帮助别人，希望自己能够影响他人、帮助他人。如果你的配偶具有控制型人格或者有承袭来的控制婚姻关系的性格，那么当你们因为这个问题而发生矛盾时，你就可以采用"将计就计"的策略——利用你配偶的这种愿意帮助他人的特点，来解决你们的婚姻问题。比如，你们朋友的婚姻出了一些问题，你可以出主意请你的配偶出面去帮助他们解决，看看你的配偶会怎么做或者为朋友出些什么主意。然后可以把他教别人的方法在你们自己的婚姻中采用。这就是智慧地解决婚姻问题的好招数。比如：邻居家的女人是个极爱挑剔的人，常常会因为丈夫做家务与自己的习惯不同而大吵大嚷。当这个女人的丈夫与你的配偶诉说他的烦恼时，你的配偶很可能会对那位丈夫表示理解和同情，会帮助他们调整关系，劝说那个女人不要在小节上伤了夫妻的感情。而当你自己的家庭也发生类似问题时，就可以将你邻居家处理问题的方案运用到自己家庭的矛盾处理中。

在相互影响的过程中，夫妻二人需要学会彼此尊重，承认彼此的不同，真诚地关心对方的想法和感受，并齐心协力地解决问题。这需要慢慢地磨合，只要双方都有把婚姻生活过好的信念，困难就会大大减少。但是要改变一个人的个性是很困难的，两个人情绪的相互影响也是不可避免的，这样的夫妻也许需要用一生的时间去调整，但只要你们是相爱的，就会彼此接纳、谅解，就会努力地改变。在婚姻的漫长道路上，如果你们需要帮扶，心理咨询师会给你们最大的帮助和支持，你们仍然可以得到幸福。

五、婚姻中的冷战

有些夫妻在长期的矛盾得不到适当解决之后，会逐渐出现缺乏沟通—沉默少语—生闷气、闹别扭，形成夫妻之间的"冷战状态"。

有些夫妻少言寡语或沉默是与原生家庭有关的。童年生活中父母的行为会深深地影响子女在自己婚姻生活中的行为。比如父母一旦说话就会争吵、谩骂，不说话反而安静，而孩子不明白父母为什么在争吵，但是至少在安静中他感到安全，因此孩子就会认为只要不说话家里就是太平的。在这种环境里长大的孩子必然话少，沉默寡言就成了他的个性特征之一。

在夫妻中，假如一方害怕配偶的负面反应，那么最安全的方法是不说话。另外，为避免争执，沉默也可能是一种表示不同意见的方式。

在解决冷战问题时，夫妻双方都容易将问题归结在谁是冷战的"罪魁"上，而忘记了引起这种沉默的原因是什么。其实，真正应该做的是找出导致沉默的原因。

无论是什么原因造成的冷战，归结起来都与不良沟通有关。试想，一个人虽然天性不爱讲话，但只要有人能够善意地倾听，他就会感觉到尊重,感觉在这个人面前有足够的安全感,就会将自己的内心想法表达出来。因为与他人分享快乐和烦恼是人类的本性,只要有条件,人都是愿意讲述自己的经历、感受和观点的。

基于以上的分析,沉默最重要的原因是不良的沟通,因此当事人需要反思以下几个问题:

是不是常用抱怨的方式打断对方的话;

是不是没专心倾听对方在说什么,就急于打断他的话回答;

是否能分享对事情的期待,而不是一味地抱怨事情的发生;

对方需要时,是否容许他能拥有所需要的空间;他想独处时是否强迫他进行沟通;

会对配偶之间的私人谈话保密,还是会向别人公布;

是否用请求的方式分享需求和欲求,而不是用强求的方式;

是否容许对方自由地表达意见,还是当意见不同时立即反击;

是否常以批判教育的方式来回应配偶。

尊重他人的感受,允许他人有与自己不同的想法。只有在这样的心理状态下,才能静下心来倾听对方的讲话。只有有了这样的心态,才不会出现控制不了的情绪。在不良情绪下表现出来的坏脾气,是阻碍良好沟通的大敌。发脾气会直接让对方无法开口,于是只好沉默。沟通需要友善的氛围,有了这种友善的氛围,人们才有可能想说。

两个人的交流需要表达、倾听和反馈,每个步骤都有需要注意的要点，掌握好要点就会有良好的沟通。良好的沟通带给人们的不仅是了解了事情的本身，更重要的是在沟通中被尊重、被接纳、被理解、被爱。因此在沉默的家庭中人们更需要认真学习沟通方法，用良好的沟通来改善婚姻关系。

表达者要真诚，只说"我"的感受、希望，不能以"你"或"他"来表达自己的意思。因为用"你"开头的话容易让人感觉是在批评指责。用"他"来表达容易混淆概念，让对方搞不清你讲的是谁的想法。假如说东指西、指桑骂槐就更让人无从理解你的意思了。因此要想打开僵局，首先需要的是自己的真诚。

认真倾听。倾听就是倾心地听，听也要专注真诚。在听对方讲话时，尽可能保持目光的接触。把对方所说的内容当作一种资讯，听他经历了什么，感受是什么，不要把对方所说的当作是一种意见。这样在听的时候就不会产生判断焦虑，而引起情绪上的反应。

在听到对方的信息后，只要表示自己已经听到他的经历和感受就可以了。这并不表示你完全同意他的看法，而是你给了他持有那些看法的自由。

比如，妻子跟丈夫讲，她看到邻居一家人今天一起去郊区野餐，她很羡慕，希望有一天自己一家也能有这样的机会。假如把她的话当作一种信息，就可以理解为她很希望一家人能多在一起开展类似的活动。丈夫只要表达理解太太想有一起出去玩的机会就可以了,甚至也可以表达"我也有同感"。虽然这并不等于你已经同意和别人家一样去野餐,或者马上安排出发,但是这样的沟通已经达到了良好的效果。假如丈夫的反馈是:"你怎么老看别人家好呀。我还忙着呢,哪有时间出去玩!"那就可想而知,两人间的交流就不能产生好的效果,甚至可能发生争执,不欢而散。如果这样的交流多有几次,妻子可能就再也不愿意把自己的任何想法讲出来与丈夫交流了。

夫妻间的交流,最忌一方将自己的评价加在对方的意思上。比如,妻子担心丈夫花心,所以当丈夫说出想与一个女性合作做一件事情时,妻子往往会认为丈夫是为了使自己的花心合理化,就不能静下心来正常地讨论这个问题。同样,丈夫认为妻子是个虚荣心强的人,当妻子讲到别人家比自家好的时候,丈夫往往会感到气愤,因为他认为妻子这么说就是在批评自己不好,是虚荣心在作怪。假如人们改掉强加于人的习惯,就事论事,交流就能形成良性循环。

当然,婚姻中的冷战也预示着有一些婚姻已经到了无可挽回的地步,沉默的一方就是想结束这个婚姻了,因为他心里会想:跟你讲什么都是白费,反正要分手,没必要再因为"话不投机"引发战争。这时就需要当事人认真地对自己的婚姻做个评估了。假如不能确定或是自己不愿意失去这个婚姻,那么就应该采取本书前面所提到的积极措施去缓解婚姻危机,即使最后没有达到自己预想的结果,也在为婚姻所做的努力中锻炼了自己，使自己在逆境中变得更坚强、更成熟。

六、语言暴力

语言暴力是指"出言不逊"，用言语伤害对方。语言暴力会摧毁尊严、信任、倾慕以及亲密感。暴虐的语言可以造成心灵的死亡，也会造成关系的死亡。

语言施暴者的父母往往也是语言施暴者。他们在父母那里没有学到如何用积极的有建设性的方式来表达自己的情绪和需求，他只学会了一种表达方式，就是暴力的语言。他人对暴力语言的回避，往往使施暴者误认为自己是胜利者，因此会强化这种行为模式。

经常以语言施暴的人通常是自尊心不强的人，他们往往借贬抑他人来抬举自己的自尊，并且其潜意识中会有"被视作完美"的强烈需求，但是又没有能力用有建设性的方式去表达自己的需求和处理自己的负面情绪。

语言暴力可能还是一种对爱的呼唤。

一位男士是一个工作很努力的丈夫，可回家后却经常要面对妻子恶劣的语言。他认为妻子是一个看问题极负面的人，对什么都不满意，对任何人都不满，天天生活在不愉快中，搞得他的生活也非常悲惨。他真的不想再回到这个家了。在万般无奈下，他找到了心理咨询师。经过与咨询师的探讨，他才了解到自己是因工作而忽略了妻子需要他陪伴的需求。妻子的需求得不到满足，就开始怀疑丈夫是否真的爱她，接着她就以批评和挑剔的语言来引起丈夫的注意，他们之间的夫妻生活也越来越少。这一切开始了恶性循环，直到婚姻危机到来。当他了解到这一点后，便开始注意满足妻子的需求。他主动安排与妻子一起郊游，这使他们共度了几个小时的快乐时光，并且他向妻子表达了自己在许多方面不是一个好丈夫的歉意，表示以后一定会多陪陪妻子。妻子也向他说了这几年来自己内心的痛苦。从这以后，丈夫不会再把那些话当成批评和挑剔了，因为他已经知道那是妻子对爱的需求的真诚表达。接下来他安排了一些机会好好与妻子相处，而且经常会与妻子分享白天发生的事，妻子说的话他也用心地倾听。几个月后，他发现妻子不再总是处在沮丧中了，也变得勤快许多，对性爱更有反应了。这是因为妻子不需要再用批评、挑剔来寻求关注了。

解决语言暴力的积极态度就是，一方面拒绝对方给自己的负面信息，另一方面要相信对方在恶语背后，还有良性的东西，如他需要被肯定，需要被尊重，需要被爱。因此要肯定他们正当的需求，帮助他们发展自己内心这些珍贵的东西，消减他们的恶语，帮他们学会如何以积极而有建设性的行为来表达。肯定和鼓励的语言，一定能够帮助对方从正面建立起真正的自我价值。

积极的态度还包括真诚地向对方表明自己在这样的关系中受到了很大的伤害，并坚决拒绝他的语言"虐待"。

抑制错误的行为、鼓励正面需求的表达和满足，这就是积极而有建设性的举措。只要坚持采用这样的方法，家庭中语言暴力的现象就会改变。这样做不仅是为了自己的婚姻，也同样为了自己的孩子不再生活在有这种问题的家庭生活中，而在健康的环境中成长。

七、家庭暴力

家庭暴力主要是指男方对女方动粗，实行肉体虐待，现实生活中也多是如此。但是在现代社会中女方动手打男方的案例也并不罕见了。

肉体虐待不但使受虐者受到摧残，同时对在这种环境中长大的孩子的影响常常也是致命的。在这种家庭里长大的孩子，一般也会有施虐或受虐倾向。这些孩子看到的就是父母以暴虐的方法宣泄自己的情绪，以暴虐的方法解决夫妻矛盾。影视节目中的暴力场面，也潜移默化地影响着孩子。

据社会学家研究发现，家庭暴力发生的时间和地点都有一定的模式，如常见的是在饮酒后、卧室中发生。施虐者的虐待行为会成为一种习惯，每次施虐后就会有一段较安静的时期，他的行为会让人感到他对自己的暴力行为极其懊悔，之后他会极力挽回不良影响，让人感到他似乎已经真正认识到了自己的错误。很多人都会信以为真，选择原谅。其实这是施虐人处在懊悔期的表现。后面一段时间夫妻相安无事，会让人感到他确实改掉了施虐的毛病。但实质上这是"张力期",是施暴者在积攒能量。过一段时间,一般在施暴后的三个月左右,施暴者会进入爆发期,施暴行为会再次发生。然后他又会进入懊悔期,周而复始,不断施暴。

家庭暴力的实施者必定是一个低自尊的人,不管他在外面多么光彩,但内心总感觉自己是卑微的、比不过别人的。因此他想要以自己的行为来证明自己的价值,强迫他人关注自己、害怕自己。可是每次施虐后,都会增加他的无能感,使他感到更加卑微。因此他所采取的获取对方原谅的方式都是卑微、低贱的,让对方不得不怜悯他。

家庭暴力能够在一个家庭中持续存在,也必定有一个默许暴力持续的人。能够默许家庭暴力的存在,与其自身的认知和个性有关。比如不想让家人或同事知道,觉得家丑不可外扬,因此只能自己一个人承受痛苦和屈辱,感到孤立无援;或者害怕说出去后,不仅不解决问题反而遭到配偶对自己更大的伤害;觉得在别人面前说这样的事情会被他人耻笑;觉得父母不理解会使自己受到更大的伤害,尤其是当初不顾父母的极力反对而坚持这桩婚姻的人,更怕把被虐的情况告诉父母;另外,还有一些受害方担心离婚会伤害孩子,或者是因经济困难而不得不忍受这样的生活,或者是不懂得如何向社会和法律求助。

处在家庭暴力阴影下的人,需要明白家庭暴力是怎么回事,才能积极主动去面对和解决这个问题。首先要明白,暴力是对他人尊严的侵犯，是违法的行为，必须杜绝。暴力的产生绝不是被虐的人不好，而是施虐的人一手造成的，并应由此来重拾自己的自尊。被虐的人要知道，无论自己做了什么，对方都不应该实施暴力，要坚信暴力的发生绝不是因为你有什么过错。只要有了这样的认识，受虐的人就不用害怕、不用感到羞愧，就不再需要忍受暴力，就会有力量去积极面对，从正面去解决这个问题。

假如你的配偶有施虐型人格，需要你暂时离开他，不要怜悯他，不要相信他忏悔后就能改变，一定要通过某些措施帮助其认识施暴的性质和产生的根源，促进他去思考和学习如何处理愤怒和挫折，学会如何用正面宣泄的方法而非施虐发泄的方式来处理情绪。现在家庭暴力问题越来越受到重视，国家和社会机构都在以不同方式来解决家庭暴力问题。比如受虐者心理支持小组就是为提高受虐人的自尊自信，提供支持而设立。施虐人学习小组，可以帮助施虐人认识施虐行为是施虐者把对自己的不满发泄到他人身上的一种卑劣行为。小组还要帮助施虐者学习如何认识自己的情绪，如何用积极的方式来表达或宣泄自己的情绪，使施虐者在小组的支持下改变自己的行为。除此之外，还需要有社区、民警的合力帮助，促进施虐者的改变；还必须定期关注他们的状况，不断强化他们正在形成的好的行为模式。因为改变一个人的个性是不太容易的，但是让他恢复到过去，却相对容易，所以，使良好的行为继续下去，就需要当事人经常学习，既不要出现施暴的行为和轻易原谅的行为，也不要出现夫妻的不良沟通，以免不良沟通激起施虐方的暴力行为。

最重要的还是受虐方需要树立起保护自己的意识和信念，并借助社会支持系统帮助对方改变施虐行为，且在帮助对方改变的过程中，需要坚持，不要让自己那颗温柔的心影响了配偶的进步。

八、情感出轨

据统计，目前离婚的主要原因就是婚外情。婚姻是爱的延伸，而组成爱的三大成分中就有承诺。相爱的双方承诺让自己爱的人一辈子幸福，自然在爱情中，每个人都相信自己的配偶是忠于自己的。在婚姻中，一旦出现一方情感出轨，就会使另一方遭到严重的打击。

当人们感觉到或发现自己的配偶有婚外情时，一般都会沉溺于伤痛和愤怒中，越想越悲伤，越想越委屈，越想越愤怒，最终变成一个内心充满怨恨的人。这是必然的，没有情绪反应反而说明二人之间的夫妻关系是不正常的。但是他们需要知道，在这样的情绪状态下是无法解决问题的。自己无法判断如何取舍，更无法采取恰当的行为，也许还会把本来就乱作一团的事情搞得更加烦乱，使本来可以避免的冲突成了婚姻破裂的导火线。因此当遇到配偶有了婚外情时不仅要允许自己的负面情绪存在，同时也需要想办法让自己尽快从痛苦中走出来，理智地面对现实中的一切。

首先需要澄清配偶是否真的有婚外情,事情发展到什么程度了。当婚姻关系出现一些不融洽时,或是自己处在弱势状态下时,人们的潜意识中都会产生危机感,会担心对方是否还爱自己,自己的婚姻城堡是否还那么坚固。在这种状态下,人们会不自觉地在对方的言行中不断地寻找蛛丝马迹,而当一些言行被认为可能是婚外情的迹象时,矛盾就开始走向白热化。在生活中或影视剧中常可以看到丈夫或是妻子查对方的电话或找私人侦探调查配偶是否有婚外情。其实这样的事情都是在情绪驱使下进行的,因为只要静下心来想一想,问题就明白了。查出来不是婚外情你就安心了吗?疑心产生,说明你的婚姻本来就已经存在问题了,即使什么都没查出来,也不能解决你对婚姻的担心。查出来了,你又想怎么办?吵架?离婚?如果对方只犯了一次错误,你就狠心割舍十几年的情感吗?一切都没想好,就采取这种不信任的举动,后果又会是怎样的呢?

记得一个四十多岁的女人找到我,痛哭流涕。她说,丈夫有相当一段时间每天回家很晚,并且她觉得丈夫对她似乎冷漠了许多。于是她开始怀疑自己的丈夫有外遇,就开始检查丈夫的电话和办公包,闻丈夫身上是否有异味。调查未果,她又找了私人侦探帮助调查。不知道哪个环节被丈夫知道了,丈夫毅然提出离婚,理由是他不能忍受失去信任的婚姻。

当你只是怀疑,但并没有确定配偶是否真的有婚外情的事实时,这其实是你的感觉在提醒自己——你们夫妻关系需要调整了,需要解决婚姻中的一些问题了。只要你开始担心配偶会离开时,就需要重新评估自己的婚姻,看看需要改进什么,需要做哪些积极的有建设性的努力了。比如,以良好的沟通方式恢复两人的亲密度,用对方能够体会到的爱的方式向对方表达自己的爱意,更加关心、理解配偶等。即使这时他已经动了非分之心,但在你的修整和努力中,他就可能会回心转意并坚守在你的身旁。

在澄清事实的过程中,切记不要因自己的一些心理需求而做出对自己不利的事情。有时受伤害的一方,不相信配偶真的会做出背叛行为,于是就会刨根问底,让对方把一切细节都讲出来。为了表示自己想彻底悔过,对方在一再的追问下可能也会交代一切,但听到这些具体的情节,了解了事情的真相,受害方其实会更加痛苦,而且对方讲述的情境会犹如电影画面,深深印入受害方的大脑。当夫妻双方想重归于好的时候,这个影像便成了他们融合的阻碍。因此在澄清事实的过程中,刨根问底的做法实际上不是明智之举。只要对方承认了有婚外情行为,讲明为什么会产生这样的问题就可以了,无须追问细节。

让自己的情绪逐渐稳定下来是积极解决问题的重要环节。当了解到配偶有婚外恋情时,伤心和愤怒都是正常的情绪。这表示,你认为自己是有价值的人,而且被不合理地对待了,也表示你重视正义与公平。这样的情绪需要正面地表达给对方，表达时要以"我"为开头，将对方的婚外情行为给自己带来的伤害和愤怒讲出来，把自己的想法和感受说出来，让对方认识到他的行为给你带来了多么大的伤害。虽然自己处在悲伤和愤怒的情绪下，但是要切记不能以负面方式来表达自己的情绪，这样会得到不良后果，如用"你"来表达自己的情绪时，会引起对方防御性的回应，会消减对方的愧疚感。

过错本身已经让对方感到焦虑，指责和批判会加重他的焦虑。人心理的自我保护和防御，反而会让对方忽略你表达出来的内容，而把重心放在自我防卫上，到了一定程度也许还会造成肉体伤害或虐待，可能会又一次给自己带来伤害；你愤怒的负面表达会摧毁你原有的良好形象，孩子们也会极难面对失控的父母，对方也无法接纳你这样的形象；负面表达还会减轻犯错的配偶的罪恶感，反而会给他一种"一对一平局"的释怀，而促进离婚。到工作单位或配偶情人处大闹或是自己也搞个婚外情，这样的举动也是极负面的表达。这不是在解决问题而是转化问题，是一种对配偶的报复，于事无补，反而会贻害终生。我身边的一位女士就智慧地采取了有建设性的方法。当发现自己丈夫有外遇后，她用提醒的方法让丈夫知道她的态度，用写信的方法抒发自己对丈夫的爱意和信任，还回忆了当初两个人的承诺。她没有当面捅破那层"纸"，给丈夫留足了面子。结果，丈夫自觉地处理好了自己与第三者的关系，与妻子重归于好，重新回到原来的幸福生活中。

　　静下心来思考、评价自己的婚姻，是解决婚外情引发的婚姻危机的一个重要环节，也是使自己冷静下来的最佳方法。婚外情的根源绝大多数在婚姻本身，这里并不是谁对谁错的问题，而是人们在平淡的婚姻生活中忽略了一些东西，缺乏对婚姻进行有意识的经营。对婚姻的反思不仅可以使自己的心绪变得平静，也是在婚姻生活中成长的一个重要过程。在思考中，人会理性地评价自己在婚姻中的表现，会理解自己和对方的一些行为目的，这样才会促进双方产生改变。婚外情是解决婚姻问题的消极行为，积极行为就是夫妻在婚内以良好的沟通增进双方的了解，满足对方的需求。知道了自己的不足，才会开始改变，才能把自己以前忽略的补上，用爱心去与配偶平等地沟通，用尊重和接纳去构建良好沟通的基础。

　　调整自己的态度也是使自己情绪平静的方法。当发现配偶有外遇后，除了愤怒外，受害方还有一种被否定的感觉，认为自己不好，自己不配被爱，因而更为沮丧、无助、不平。常常听到受伤害方讲："那个女人各方面都比不上我，文化水平又低，只不过比我年轻一点罢了，怎么我老公会因为她来伤害我呢？"这个问话明显地体现出受伤害人的被否定感。许多婚姻方面的专家都认为，婚外情的发生常常不是因为配偶不好或单纯为了满足性方面的需求，而是出轨方试图通过这种方式来寻求友谊、支持、理解、尊重、注意、关怀和价值体现等。在正常情况下，家庭可以为人们提供这一切，但如果不能从家庭获得这些东西，人们就会有意无意地在婚姻之外去寻找，而最容易实现这些满足的就是异性朋友。因此对待婚外情不能只是简单地制止，而要用心体会、理解配偶的需求，并且以积极的方式去满足对方的需求。

夫妻之间没有了亲密感，彼此感受不到爱的存在时，人性中对爱的需求会驱使人超越理性去寻求满足。婚外情是配偶在某种条件下，为了满足需求而犯的一个严重的错误。如果被伤害的人能够认识到这一点，一方面可以帮助自己平复内心的伤痛，另一方面也能更加理解对方可能的动机，为进一步解决自己的婚姻危机，做好准备。假如你还爱着自己的配偶，就需要给他一个改正的机会，同时也要为自己的婚姻做出积极的努力。这也是对待婚外情的积极态度。

出轨的一方，需要审视自己的动因，到底你想满足什么需求？当与情人在一起时，令自己最无法割舍的内心满足到底是什么？只有了解了自己真正的内心需求后，才能认识到寻求第三者的行为是一个满足需求的消极行为。在这个基础上，人才能真正放弃找情人，而以其他积极方式来满足自己的需求。

在相互沟通中，要勇于承认自己未能满足配偶的情感需求。当然，这种表达并不表示你是失败的，或是把配偶的婚外情责任归结于自己，而是以此说明夫妻之间还有更好的方法来解决婚姻中的问题。这也不是承认配偶的婚外情是对的，而是让他明白其行为的目的是什么，让他知道你们有更好的方法去解决婚姻里的问题，并使他认识到这种寻求满足的行为是错误的。千万不能采用说教的方式。说教的方法会使出轨方感觉自己低了你一等，在他的心目中就感觉不到夫妻的平等，他就会担心今后如何在这种不平等的婚姻中生活。

由于婚外情会让受害方感到自尊受损、被欺骗、被背叛，一些受害人就会以快刀斩乱麻的方式办理离婚，但当一切趋于平静后，可能又会开始后悔当时的决定。然而情况一旦发生了改变，就很难真正挽回原有的婚姻。曾经有一位女士就是这样，她不仅火速离婚而且为了惩罚丈夫，还将孩子的抚养权给了丈夫。当时丈夫本来是不想离婚的，反复向她道歉，但是愤怒的她无法准确地判断自己的需求更不要说做出取舍。丈夫离婚后只好与情人结了婚。一年后，这位女士开始后悔，每次借着去探望孩子的机会想与前夫多说几句话，企图拉近与前夫的感情，但每次都遭到前夫妻子的斥责，而且还被其称为"第三者"，并被警告：假如再去骚扰，就要把她告上法庭。这个女士一下蒙了："我怎么就糊里糊涂地成为我丈夫的第三者了呢？"这个时候，我感觉这个女士真的很可怜。可见人在情绪激动的时候可能会失去理智，无法准确判断自己内心的需求。因此当一个人遇到婚外情的困扰时，如果没有冷静思考而是笼罩在情绪的阴影里时，绝不要做出任何决定，更不要轻言离婚。

配偶在与第三者交往的过程中肯定也会产生情感，而情感的冷却是需要时间的。通过夫妻之间的良好沟通，如果出轨的配偶决定回心转意，而且开始付出积极的行动，就说明他的态度是端正的。作为受害的一方也要处理好自己的问题，要感谢对方的转变，要相信对方的选择是真心的，相信他会处理好与情人的关系。他可能暂时忘不了那个人，但要相信他会努力，假如不相信这些，你们之间就无法建立可靠的夫妻关系。有人会问："他做了那种伤天害理的事，难道还要让我感谢他？！"这里说的感谢不是感谢他的外遇，而是感谢他选择回归。每个人都有自我选择的权利，根据他的自由意志，他可以选择第三者也可以选择你，而他选择了你就说明他倾向于挽救婚姻，因此这个感激是需要的，你的感激也是向他表达你的倾向，说明你们对于婚姻的珍视是一致的。在婚姻发生危机后，这个共识是多么重要呀！

你无法迫使对方处理他的问题，但是可以影响、敦促对方积极地去解决他的问题。欲速则不达，迫使不仅不能有效地解决问题，也许还会前功尽弃。解决自己的问题就可以给对方积极的影响。比如平复自己的情绪，找机会多参加文体活动，以积极的情绪替代忧郁的情绪，使自己的精神面貌改观。这不仅会减少事件本身对你的伤害，而且为你处理问题、与对方沟通都会打下良好的基础，同时也能为自己增添个人魅力。

如果你是女人，那么在日常生活中，仍然应该作为一个妻子、女儿对家人衣食住行给予应有的关照，无论对孩子、老人还是配偶，仍要尽到自己的责任。这能给对方打开家庭的大门，欢迎丈夫的回归。如果你是男人，则应该一方面继续做好自己的本职工作，一方面还要在家里尽责，帮助做些家务和管理孩子。这也同样表示你对这个家庭的眷恋和对妻子的爱意。在遇到这样大的打击后，被害者如能自我审视、调节情绪、保持社会角色和家庭角色的良好形象，就可以促进他的心理健康成长，把"危机"变成"机会"，迎来自我成长的机会。

经过以上的努力，即使婚姻关系没有得到恢复，但是你在未来肯定能够拥有比过去更好的生活。因为在这样大的情感挫折下，你能够把握好自己，学到夫妻间相处的方法，将来无论是再婚或是独身，都会有能力面对，都会有能力使自己快乐。严重的婚姻危机，只要是人们认真对待了，所经历的一切都将是以后生活的养料，受益无穷。

在许多破镜重圆的案例中，还会遇到一个困难。那就是当失足者回归后，受害者反倒不能接纳对方。当激战结束，配偶回归后，受害者的情绪逐渐平稳，开始舐舐自己的伤口，一切委屈、不平、受伤的情绪会悄然而生，在重新与配偶亲近时，那些让自己愤怒、恶心的影像就会重新出现在自己的脑海中，挥之不去。遭受过背叛的人不能真心原谅自己的配偶，总觉得这样重大的背叛行为不能如此轻松地被原谅。这种情况主要还与人从小受的影响、教育有关。很多人把婚外情一概归结为"流氓行为"，不容许对方犯这样的错误，不能给予原谅。因为他们还没有搞清楚问题的原因以及应该如何认知对方的错误，情绪不能平复。还有一种可能，就是犯错的一方没有认真悔过，请求原谅，使受害方无法相信他能够真正回归家庭。有时还可能是受伤害方因为负面情绪的影响而忽略了对方极力想修好的信号。

一位女士向我讲述了丈夫回归后她内心的痛苦，她在理性上想原谅丈夫，但是从情感上却总觉得丈夫认错认得不够彻底，原谅不了他。当问到她丈夫现在的表现时，她讲了许多丈夫为改善关系所做的努力，比如早回家，主动亲近，甚至做了许多以前从来不做的家务事。她也知道这些都是丈夫有悔改之意以及对自己表示道歉的行为，但是就因为丈夫从来没有说过"对不起"，也没有口头上承认过自己错了，所以她心里总觉得不踏实，总觉得丈夫不是真心认错。虽然我帮助她从丈夫的行为中看到了丈夫悔改的诚意，但是为了重建夫妻间的信任与亲密，她的丈夫确实需要更诚恳地把自己的歉意表达出来，让妻子真实地感觉到自己改变的诚意。

因此，修复婚外情造成的婚姻裂痕，必须包括两项关键措施，一是出轨方真诚地坦白认罪，请求宽恕；二是受害方真心宽恕，平等相待，不再用对方所犯的错误来攻击对方。

婚外情的受害方会遭受极大的心理创伤，有时单靠自己的力量可能难以弥合，需要寻求心理咨询师的帮助。另外，对自已婚姻的评估可能在专业人士的帮助下会有更准确、更客观的结果，所以寻求专业的指导和支持是很必要的。在遇到人生大挫折时，求助是一种明智的选择。

第四章

寻找幸福，再度进入婚姻

一、破镜重圆

离了婚的两个人，可能会转了一圈又回到了以前。经过一番波折，重拾内心所爱，这是一件很令人欣慰的事情。

但是复婚绝不能是糊里糊涂的"复原"，首先复婚的双方要对以前婚姻里存在过的问题进行讨论，看看问题是否真的得到了解决。所谓解决并不是要搞清谁对谁错，而是找到问题出在哪里；还要思考在今后的婚姻生活中两个人是否对如何沟通、如何解决冲突有了共同的认识；双方是否对以前以及今后的种种都能够理解接纳，能够平静真诚地交流？假如回答是肯定的，那么复婚对于双方而言绝对是一件幸福之举。假如对当时的问题仍然搞不清，纠缠在谁是谁非里，复婚的想法或建议就需要审慎考虑了。即使为了复婚暂时避而不谈以前的问题，但它最终还是会成为两人婚姻大战的导火线。曾经一对夫妻由于"性格不合"在两人四十多岁时离婚了。离婚十年后两个儿子长大，需要结婚的房子。女方将自己的住房卖了，用卖房的钱给两个儿子付了买房的首付，之后因没有住房，无法上户口，就和前夫商量复婚。前夫也痛快地答应了，于是一切又回到了十年前。这个妻子认为，离婚后丈夫一直未娶，所以她觉得还行，何况丈夫答应得也痛快，于是就这么复了婚。复婚后过了六年，她感到她丈夫"一切都没变"，两人的矛盾还是不断发生，愈演愈烈，最终她还是觉得不能在一起生活。其实他们的婚姻主要是两个人的沟通有问题，妻子感受不到丈夫的爱，就在生活中不断表示对丈夫一系列问题的不满。而偏偏两个人的个性都偏内向，不善于表达和沟通是两个人的共同问题。这两个人在复婚时并没有搞清楚他们之间存在的问题是什么，也没有得到必要的帮助和指导，更没有为复婚做充分的沟通，只凭着"十年没再找对象"就放心地复婚了，所以到头来还要再度品尝原来婚姻中未解决的问题结出的苦果。

　　人们在复婚的欣喜之余，往往会忽略其中一个重要的问题——今时不同往日。现在的两个人已经不是原来的两个人了。当时两个人分手，肯定是因为在这个婚姻中两个人过不下去了。分手时，一方主动、一方被动，但即使是两个人都愿意，他们对离婚的感受也不尽相同。于是，两人对离婚的反思会不同，对原有婚姻的评价和今后如何面对婚姻的思考也会不同，更何况离婚后他们的经历也是不同的，两个人各有各的工作、生活圈，这些经历给他们的感受、启发也会有所不同，也就是说，他们内心成长的状况可能也不会在一个平面上。复婚之前以上这些问题都需要有进一步沟通。如果没有预先处理或者处理不好，很可能又会成为两个人复婚后新的矛盾和冲突的根源。当准备复婚的想法撞击你的心时，千万要理智行事。

人的生命是有限的，提高婚姻质量也就能提高生命质量。一次失败的婚姻往往会给双方造成巨大的伤害。因此，准备复婚的人一定要本着对自己、对对方负责的精神，在复婚前理智地进行充分沟通。只要双方拥有对彼此的爱，并进行充分的有效沟通，那么获得复婚后的幸福和谐就是能够实现的。

二、再婚

离婚后的孤独生活和生活中的一些实际困难使一些已经"出城"的人想再度回到"城里"。这是大多离婚后的人的实际需要和基本需求，无可非议。

再婚实际上还是会像初婚一样需要经历恋爱、初婚以及婚姻的瓶颈期、中年期、老年期等婚姻阶段。由于很多人再婚时的年龄要大于首次结婚时的年龄，而且经历也比较多，所以可能婚姻中的矛盾会变得比较复杂。比如，因年龄和经历的关系，人变得成熟许多，在恋爱阶段更容易自觉不自觉地掩盖自认为不足的地方。这样的两个人结合到一起后常会因为发现对方某些不足（这些不足可能是自己特别在意的）而成为初婚后的矛盾起因。

　　因经历多，人可能会基于经验而在内心形成一些概念，这些概念可能会成为两人产生误解的根源。比如，一个成功的男士，在接触女士时总担心她们是爱钱而不是爱自己。在这样的心态下，谈恋爱时，他对女士谈及与经济有关的话题时就会非常敏感。因过于敏感，误解必然发生。如人们在年轻时谈恋爱，当说到希望将来能拥有一座别墅时，会感到很浪漫，谁也不会去想有这种憧憬的一方有什么"企图"。可如果是准备再婚的两个人谈恋爱也说出这样的梦想时，说不定就会被有钱的一方认为对方是为自己的钱而跟自己谈恋爱。

　　人们对自己所经历过的生活是很难忘记的。如果两个再婚的人在一起，总避免不了会谈到一些过去的事情和经历。假如一方没有宽容和接纳的胸怀，一接触到这样的话题就必然会弄得不愉快，不欢而散。提到这个话题的人就会被对方误认为"你的心还留在过去，想念以前的生活，想念以前的伴侣"。在再婚的日子里，人很难避免把现在的配偶与以前的配偶相比，而且常常会以现在配偶的不足去比原先配偶的长处。比较的结果可想而知。再婚可能还会因双方孩子的问题引发矛盾。这是一个更需要面对和解决的问题，需要再婚的双方有更多的爱心和宽容心，同时更需要注意孩子与亲生父母关系的处理，避免再婚后夫妻因此产生误解与矛盾。因此，再婚的夫妻要更懂得宽容、接纳，更关注自己配偶的感受，只有这样两个人才能相处融洽，获得婚后的幸福。

再婚的爱情中，有些人不愿意谈及自己以前的离婚问题，有些人也怕勾起对方的不愉快而不问及这个问题。我主张再婚的双方一定要主动谈及与前任离婚的问题。不能正视与前任离婚的事实，对离婚没有深刻的反思，没有发现自己在处理婚姻关系中的不足，再次结婚仍可能会重蹈原来婚姻的覆辙。了解前次婚姻的情况更有利于深入了解一个人。为了这次的婚姻能够幸福，再婚的双方最好不要回避这个重要的"议题"，这是对双方都负责任的表现。

再婚需要更多的理性思考，更客观地理解自己和他人，更加宽容地待人。再婚仍然是婚姻，一定需要爱的支撑，只有在真心相爱的基础上，再婚的婚姻才会幸福长久。

写在后面的话

读到此，读者可能会感到幸福的婚姻生活实在是太复杂、太不容易了。其实总结起来，幸福的婚姻最需要的就是两个东西：真诚相爱和有效沟通。真诚相爱，两个人就会平等相待、相互尊重、无条件地接纳对方，并且关注对方的感受和需求，自觉自愿地给予。有效沟通，使夫妻双方能真正地了解、理解对方，并感受到双方之间的信任、尊重、知心和爱意。我想只要有了这两方面的保驾护航，"城中的人"就一定会拥有一个幸福婚姻的"豪宅"。

本书在出版社的重视和编辑们的辛勤努力下终于要出版了，我非常感谢他们的帮助，使我实现了自己的梦想。我还要感谢给了我一个良好发展平台的红枫心理咨询中心，尤其要感谢王行娟老师。我从在红枫的工作实践中吸取了大量的营养，使自己得到了升华。我也非常感谢我工作单位的领导以及同事，他们给了我真诚的支持，使我能没有任何负担地投入心理咨询工作中去。说到婚姻，我必须真诚地感谢我亲爱的丈夫。他与我

写在后面的话

同心同德经营我们的婚姻，他的真诚表白令我动容，他的感悟给了我很多启发，使我对婚姻和情感的理解层层深入。我还要由衷地感谢我的父母，是他们的爱给了我良好的生命遗传，使我具备了作为一名心理咨询师最重要的品质。当然我还要感谢我的其他亲人和朋友们，他们对我的信任和真诚的肯定，给了我一次次的鼓励，同时他们的故事也丰富了我的阅历。我要感谢的人里一定还要包括我的来访者，是他们的信任激励着我，是他们的经历丰富了我的知识和阅历，他们的真实心理历程也提高了我对恋爱和婚姻的认知水平。我还需要感谢那些难为过我的人们，是他们教会了我如何面对逆境，如何理解不同处境的人。他们同样增添了我的阅历，提升了我的思维和处事水平。

当我想到所要感谢的人时，感慨万分，我觉得自己就像一个上天的宠儿，受着那么多人的关照和呵护，一步步从无知变得智慧，并且又如愿以偿地将这些智慧回赠给需要它们的人们。我感到无比的幸福和快乐！

谢华

2023 年 6 月